贵州出版集团有限公司出版专项资金资助

乡村振兴与农村产业

茶叶产业发展实用指南

宋宝安 ◎ 主编

贵州出版集团

贵州人民出版社

图书在版编目（CIP）数据

茶叶产业发展实用指南 / 宋宝安主编. -- 贵阳：
贵州人民出版社, 2021.12
（乡村振兴与农村产业发展丛书）
ISBN 978-7-221-16851-1

Ⅰ.①茶… Ⅱ.①宋… Ⅲ.①茶业－产业发展－贵州
－指南 Ⅳ.①F326.127.7-62

中国版本图书馆CIP数据核字(2021)第232578号

茶叶产业发展实用指南
CHAYE CHANYE FAZHAN SHIYONG ZHINAN

宋宝安　主编

金林红　吕立堂　副主编

出 版 人	王　旭
责任编辑	徐　晶
封面设计	谢安东
出版发行	贵州出版集团　贵州人民出版社
社　　址	贵州省贵阳市观山湖区会展东路SOHO办公区A座
邮　　编	550081
印　　刷	贵州新华印务有限责任公司
规　　格	890mm×1240mm　1/32
字　　数	140千字
印　　张	6.5
版　　次	2021年12月第1版
印　　次	2021年12月第1次印刷
书　　号	ISBN 978-7-221-16851-1
定　　价	29.00元

《乡村振兴与农村产业发展丛书》编委会

《茶叶产业发展实用指南》编委会

前　言

党的十八大以来，以习近平同志为核心的党中央把脱贫攻坚摆在治国理政的突出位置，组织实施了人类历史上规模最大、力度最强、惠及人口最多的脱贫攻坚战，完成了消除绝对贫困的艰巨任务，创造了彪炳史册的人间奇迹。贵州作为全国脱贫攻坚主战场之一，得到了习近平总书记的亲切关心和特殊关怀。贵州各族干部群众在贵州省委、省政府的团结带领下，牢记嘱托、感恩奋进，向绝对贫困发起总攻，66个贫困县全部摘帽，923万贫困人口全部脱贫，减贫人数、易地扶贫搬迁人数均为全国之最，在国家脱贫攻坚成效考核中连续5年为"好"，在贵州大地上书写了中国减贫奇迹的精彩篇章。经过这场感天动地的脱贫攻坚大战，贵州经济社会发展实现历史性跨越，山乡面貌发生历史性巨变，农村产业取得历史性突破，群众精神风貌实现历史性转变，基层基础得到历史性巩固，实现了贵州大地的"千年之变"。

贵州是中国唯一没有平原支撑的省份，93%的土地由丘陵和山地构成，难以开展规模化农业生产，因地制宜发展特色农业成为必然。"十三五"期间，贵州省委、省政府围绕农业供给侧结构性改革，聚力发展现代山地特色高效农业，创新性地成立了农村产业发展工作专班和专家团队，主抓茶叶、蔬菜、辣椒、食用菌、水果、中药材、生猪、牛羊、生态家禽、生态渔业、刺梨、特色林业等 12 个农业特色优势产业。贵州现代山地特色高效农业发展取得明显进展，12 个农业特色优势产业持续壮大，其中，茶叶、辣椒、李子、刺梨、蓝莓种植（栽培）规模位列全国第一，猕猴桃、薏仁、太子参等产业规模进入全国前三；蔬菜、食用菌、火龙果等产业规模进入全国第一梯队；农民增收渠道持续拓宽，农产品精深加工快速推进，农村创新创业热火朝天。贵州大学积极响应省委、省政府号召，发挥自身专业特长，成立 12 个农业特色优势产业专班，为贵州 12 大特色优势产业提供强有力的科技支撑，为贵州取得脱贫攻坚全面胜利做出了突出贡献。

脱贫摘帽不是终点，而是新生活、新奋斗的起点。实现巩固拓展脱贫攻坚成果同乡村振兴有效衔接、推进乡村全面振兴是"十四五"期间农村工作特别是脱贫地区农村工作的重点任务。2021 年 2 月，习近平总书记视察贵州时提出，贵州要在新时代西部大开发上闯新路，在乡村振兴上开新局，在实施数字经济战略上抢新机，在生态文明建设上出新绩。这是习近平总书记为贵州下一步发展所作的战略部署。

乡村振兴是包括产业振兴、人才振兴、文化振兴、生态振兴、组织振兴在内的全面振兴，其中产业振兴是乡村振兴的基础和关键。"十四五"时期，贵州省委、省政府坚持以高质量发展统揽全局，巩固拓展脱贫攻坚成果，全面推进乡村振兴。实施乡村振兴战略的总目标是农业农村现代化。农业现代化的关键是农业科技现代化。

我国正由农业大国向农业强国迈进，必须牢牢掌握农业科技发展的主动权，大力发展农业科技，赋能农业现代化和高质量发展。乡村产业振兴使贵州农业发展方式实现根本性转变，开启了贵州农业农村现代化的新征程。

高质量推进乡村产业振兴，重在因地制宜、突出特色、精准规划。为响应党中央和贵州省委、省政府的号召和部署，加快推进贵州农业现代化和进一步做大做强农业特色优势产业，我们编写了《乡村振兴与农村产业发展丛书》，通过对农村产业进行精准定位，具体分析各产业发展的人口、人文、气候、地理、自然资源、传统优势、政策扶持、市场等因素，发掘产业发展的独特优势，构建现代产业结构和体系，积极为贵州农业高质量发展贡献力量，为建设现代山地特色高效农业强省提供行动指南。

该套丛书具有很强的科学性、系统性、知识性和可读性，并突出其实用性和指导性。既有理论论述，又有实践经验，既有政策分析，又有路径方法，可学可用，对广大农业科技工作者，全省各级干部、大专院校师生等具有重要参考价值。

编者

2021 年 12 月

目录

贵州茶叶产业发展现状与前景

第一节 贵州茶产业发展现状

茶产业是贵州农业第一产业，全省茶园面积 700 万亩，连续七年居全国第一。茶产业是劳动密集型产业，茶树种植、茶园管理、茶青采收和茶叶加工解决了一大批农村劳动力的就业问题，吸引了大量外出青年回乡就业和创业，显著提高了老人、妇女、儿童的经济收入和幸福感，已成为贵州山区脱贫攻坚中覆盖面广、增收显著的主导产业。但总体上贵州茶产业仍处于攻坚克难的关键阶段，茶园管护成本高、安全管控压力大、专业技术人才少、技术水平总体不高等问题突出。贵州大学茶叶专班在深入调研的基础上，针对性地开展"接地气，传真经，扶技扶能"行动，取得显著效果。

一、主要做法

（一）积极发挥智库作用，推动产业发展科学化、规范化

贵州大学茶产业团队积极参与和推动出台了《贵州省茶产业提

升三年行动计划（2014—2016）》《贵州省特色优势作物绿色防控与统防统治融合发展行动方案（2019—2020）》等一系列指导性文件；制定了 20 种农药在茶叶、谷物、水果、蔬菜等作物中 129 项残留限量的国家标准，并在《食品安全国家标准——食品中农药最大残留限量》（GB2763-2016）中发布实施；先后主持和参与六枝特区《贵州省现代山地特色高效农业总体规划(2015—2020 年)》、贵安新区《黔中嘉禾农业高校园区建设规划》等一系列指导性规划；作为主要起草团队参与完成了《贵州古茶树保护条例》的编制，《茶树品种鉴定技术规程标准 SSR 标记法》《黔西南州古茶树保护条例》的制定和修改工作。相关工作为贵州茶产业发展的科学化、规范化提供了重要的依据和技术支撑。

（二）重点解决茶树病虫草害绿色防控共性关键问题

为有效控制贵州茶树病虫草害的发生及危害，保障贵州省茶叶质量安全，团队在宋宝安院士指导下，在湄潭、凤冈、务川、正安等茶叶主产区建立茶树病虫草害绿色防控技术试验示范基地，在茶树害虫生防天敌研究与应用技术开发方面，开展了利用捕食螨防控茶树害螨、利用异色瓢虫防控茶蚜、利用小花蝽防控茶蓟马和小绿叶蝉、利用松毛虫赤眼蜂防控茶毛虫的室内评价、田间释放技术和配套技术研究，通过释放时间选择、功能植物支持、农艺措施结合和生物农药应急，提高了田间防控效果，降低了天敌使用成本，实现化学农药减量 100%，与贵州卓豪农业科技有限公司合作建设了贵州省第一个天敌工厂。在茶园草害生态调控技术方面，开展了以草治草和生态调控技术研究，从白三叶、红三叶、高羊茅、黑麦草、早熟禾、光叶紫花苕、豆科植物等绿肥植物中，筛选出白三叶草，对有效控制茶园杂草、改良茶园土质、调控茶园生态、保护、天敌等具有显著效果，解决了禁用化学除草剂后茶园除草成本高的难题。在茶树抗病抗逆免疫诱抗和提质增效方面，开展了茶树抗冻、抗寒、抗旱和抗病的免疫诱抗、提质增效技术研究，系统开展了茶树病原微生物筛选鉴定和致病机理研究，筛选了生防药剂和药剂组合技术，茶叶产量提高了 20% 以上，化学农药减量 60% 以上。在茶园农药减量增效技术研究与应用方面，开展了静电喷雾、弥雾、超低容量喷雾、无人机喷雾、风送喷雾等高效施药器械、配套助剂和施药技术研究，明确静电喷雾在保证防效的前提下，节水 65%—67%，农药利用率可提高 20% 以上，化学农药减量 50%—60%。相关工作为全省茶产业绿色防控提供了重要技术支撑。

（三）大力开展技术示范和应用推广

提出了"生态为根、农艺为本、应急防控为辅助"的茶树病虫草害绿色防控理念，形成了"冬季药剂封园 + 春季释放天敌 + 夏秋生物农药应急"的茶树害虫绿色防控技术模式、"冬季药剂封园 + 春季免疫诱抗 + 夏初药剂辅助"的茶树病害防控技术模式、"间作白三叶 + 释放天敌 + 免疫诱抗"的病虫草害生态调控技术模式。编写了茶树主要病虫害综合防控技术规程，编制了茶树病虫害简易识别手册、防控挂图、防控明白卡、防控技术培训光盘，通过黔茶咨询平台编写并发布了茶树病虫害识别与防控技术资料。累计在石阡、湄潭、凤冈、都匀等 43 个县（区）建设示范基地 162 个，核心示范面积 13.2 万亩，病虫害防治效果达到了 80% 以上，茶叶质量安全全部达到了欧盟标准，与省植保植检部门联合，在全省大面积示范推广。

（四）发挥团队人才优势，开展技术培训和产业服务

充分发挥学校的团队、人才和平台优势，鼓励和带领研究生积极投身脱贫攻坚和乡村振兴主战场，为农村产业革命献力献策，实施"博士村长"计划，组织研究生开展田间服务300多人次，获第五届中国"互联网+"大学生创新创业大赛银奖、第六届中国国际"互联网+"大学生创新创业大赛金奖。近年来，团队成员以科技副职、科技特派员、农业辅导员、科技人才等身份，累计开展技术指导及现场调研850余次，田间指导48300余人次，技术培训15500人次，接受技术咨询450余次，发放技术资料56800余份，解决了茶农"茶叶种不好、茶园管不好、茶青采不好、茶叶加工不好"等实际问题。2020年疫情期间，及时公布了团队成员的手机号码，先后解决了贞丰对门山村、普安茗晨茶场、德江小寨专业合作社、都匀贵台红、纳雍九阳、开阳禹荣茶业、松桃后屯村等企业生产中面临的问题；同时组织编制系列资料，通过媒体在线推送，累计浏览50余万次；组建了省级层面"贵州茶叶病虫害绿色防控技术示范群"，参加人员292人；加入各市县茶叶工作群，随时沟通和提供技术服务，线上开展技术咨询400余次。绿色防控技术服务覆盖到43个主要产茶县。

二、主要成果

（一）经济效益显著

绿色防控技术核心示范面积亩增加产值 1500 元，加上夏秋两季，平均每亩茶园至少增加产值 1700 元，由于茶青的收入都是农民的收入，因此，每亩茶园为农户增收的经济效益为 1700 元，包括贫困户。辐射带动 350 余万亩，占全省茶园种植面积的 50%，按亩增收 1000 元计，带动增收 35 亿元，同上，每亩茶园带动农户增收 1000 元以上，提质增效效益显著。

（二）生态效益显著

团队探索和践行了绿水青山就是金山银山理念的有效实现途径，形成的技术体系以生态为根、农艺为本，以冬季管理和窗口期作为关键时间节点，以天敌保护利用、生物药剂为主要预防措施，化学农药减量 60% 以上，在茶园生态保护中发挥了重要作用，产生了显著的生态效益。

（三）社会效益显著

经过多年的技术示范、技术培训、技术宣传和应用推广，茶树病虫草害绿色防控理念在广大茶区落地生根，茶企茶农对茶树种植、茶园管护、茶青加工和茶叶质量中重科学、学科学、懂科学的热情一年比一年高，技术水平得以不断进步，是保障产业健康持续发展的重要技术支撑，在助力脱贫攻坚、吸引青壮年返乡创业、减少留守儿童数量中发挥了重要作用，被央视《焦点访谈》节目、《人民日报》、《农民日报》等宣传报道 80 余次，引起广泛的社会关注。

三、主要经验及创新

（一）强化组织领导，确保团队工作落地

学校成立了服务农村产业革命领导小组，印发了《贵州大学2019年助力脱贫攻坚行动方案》《贵州大学服务农村产业革命工作方案》等一系列文件，落实和推进服务农村产业革命、助力脱贫攻坚的工作力度。团队领袖、校长宋宝安院士在全省茶园病虫害绿色防控技术示范现场观摩会上进行了专题技术培训，从理论和实际角度提升全省绿色防控技术水平，并对茶产业服务团队工作技术方案、实施内容、示范基地布局、"博士村长"计划等工作做了安排部署。团队成员均约定了工作内容，明确了工作目标，并定期报送工作小结和阶段进展。

（二）创新茶树病虫害绿色防控技术

目前的绿色防控推广技术以杀虫灯、黄蓝板、性诱剂为主，在选择性、环保性和针对性等方面都有不足。茶产业团队在系统研究的基础上，有针对性开展了生态调控、生物防控、免疫诱抗等技术开发和技术集成，提出了"生态为根、农艺为本、应急防控为辅助"的茶树病虫草害绿色防控理念，创新了"冬季药剂封园＋春季释放天敌＋夏秋生物农药应急"的茶树害虫绿色防控技术模式、"冬季药剂封园＋春季免疫诱抗＋夏初药剂辅助"的茶树病害防控技术模式、"间作白三叶＋释放天敌＋免疫诱抗"的病虫草害生态调控技术模式，通过技术示范和技术培训，逐渐在全省推广应用，取

得了显著效果。

（三）创新技术推广机制

加强与省市县植保植检部门合作，联合制订了《贵州省特色优势作物绿色防控与统防统治融合发展行动方案（2019—2020）》，协同大力推进绿色防控与统防统治融合发展，支持专业化统防统治组织的主体作用，如支持卓豪农业建设天敌工厂等，突破了为示范而示范的瓶颈，达到提高示范效应，加大推广范围，提高应用效果的目标。

（四）创新技术培训模式

在举办田间现场培训和工作现场观摩，开展会场培训的基础上，围绕茶叶生产和茶园管护周期，开设培训班，以农民田间学校的方式组织学员参与式、分期进行田间现场培训，做到学得会、做得到、看得见。参与式培训模式有效解决了以往培训"人走茶凉"，会场学会了，回家全忘了的问题。

四、启示及下一步工作计划

茶树病虫害绿色防控技术开发、技术集成和示范推广，在全省茶产业高质量发展中发挥了重要作用，并在全国引起了良好反响，为贵州茶走出贵州、走向世界提供了重要支撑。相关工作是充分发挥植物保护世界一流学科建设的人才优势、技术优势和平台优势，集团队力量，连续多年努力工作的结果，是学科团队"将论文写在大地上"的体现和案例。

下一步，团队将继续以服务贵州茶产业高质量发展为目标，探索智慧茶园管理技术模式，解决茶园管理过程的关键科学问题和技术瓶颈，开展更深入，更系统，更贴近茶园，更适合茶农，更智慧化、自动化、轻简化的技术工作，将绿色防控技术融入全省茶叶生产，并辐射带动其他农业产业，为茶叶强省作出应有的贡献。

第二节　贵州茶产业发展前景

　　茶产业是贵州省的特色优势支柱产业，目前已进入全国第一方阵、第一序列。自"十三五"以来，贵州茶产业坚持生态产业化、产业生态化，生产要素加速集约、分工分业不断细化，产业集群集聚，品牌知名度和影响力显著提高，茶产业质量、效益大幅提高，带动力明显增强，全省茶产业保持高速增长的态势，加速由中国茶叶大省向茶叶强省转型，创造了中国茶产业发展的"贵州速度"。随着经济社会的发展、消费结构的升级、国家"一带一路"等战略的实施以及由中国推动的"国际茶日"的成功设立，国内外茶叶人均消费量和消费总量大幅提升，茶产业市场份额不断提高，茶产业发展面临崭新的发展机遇。

　　未来，贵州省茶产业"十四五"发展规划有以下几个方面。

一、总体思想

　　以习近平新时代中国特色社会主义思想为指导，全面贯彻党的十九届五中全会精神和习近平总书记有关茶产业的系列重要论述，按照省委十二届八次全会的部署和省农村产业革命茶产业发展领导小组的安排，坚持"守正创新、正本清源、确立地位"的战略思路，以将贵州省打造成为世界高品质绿茶中心、全国茶产业创新发展示范区、全国茶文旅融合发展示范区、全国最大高标准茶园基地、全国最大茶加工集聚基地、全国最大茶产品出口基地为目标，把茶作为体现贵州名片的传统优势产业持续打造，守住中国第一大茶园面积和最干净茶，唱响"世界之茶源于中国，中国之茶源于贵州"最强音，坚持创新驱动、品牌提升，以贵州原料、贵州制造、贵州创造、贵州品牌为实施路径，以稳增长、调结构、促转型为着力点，以高品质绿茶为重点，以区域公用品牌为抓手，优化茶叶种植结构、生产结构、产品结构，确立贵州茶产业在中国茶产业第一方阵地位，全产业链推进贵州从茶产业大省向茶产业强省迈进。

二、总体目标

到 2025 年底，全省茶园稳定在 750 万亩，确保全国茶园面积第一，其中投产茶园面积 650 万亩。茶产业加工企业和合作社数量 10000 家，其中规模以上企业达到 500 家以上，各类茶叶总产量 50 万吨，茶叶产值突破 800 亿元。通过五年发展，茶产业布局规划更加合理，资源优势发挥明显，基础建设得到提高，茶叶安全质量不断提升，产品结构更加优化完善，市场竞争能力增强。把茶叶发展成为贵州第一大农业产业、贵州第一大出口农产品，把贵州建设成为世界高品质绿茶中心、世界绿茶出口重要基地、中国绿茶第一大省，构建具有贵州特色、贵州风格、贵州气度的茶产业发展新格局。

三、茶产业"十四五"实施计划

秉持"生态、绿色、共享、创新"的发展理念，坚守干净茶底线，巩固"高品茶、干净茶、安全茶"基础。强化基地投入品管控、生产监管、加工监管、产品检测，实现茶园到舌尖全程干净安全。

（一）优化茶园生态系统

建设"林—灌—草"立体生态系统，在茶园行间、生产便道、茶区主干道等地种植景观杉树、香樟等景观树木；加强茶树种植基地周边生态环境保护，在茶园空地推广种植三叶草、鼠尾草、紫苏、波斯菊、观赏油菜等蜜源植物，保护茶园害虫天敌，维护茶园生态系统的平衡和生物多样性；推广茶区猪沼茶、幼龄茶园套种控草施肥、苗木种植等产业互动融合生态茶园，优化茶园土壤健康，促进增产提质。

（二）全面实行茶园绿色防控

遵循"生态为根、农艺为本、应急防控为辅"的绿色防控理念，发挥先进技术的示范引领作用，大力推广生物防控、生态调控、理化诱控、免疫诱抗等绿色防控集成技术，统筹推进统防统治。建立健全茶园病虫害绿色防控培训机制，分期分批举办农民田间学校，加强茶企、茶农和专业化服务组织技术培训，打通绿色防控技术"最后一公里"，培训培养一批扎根基层的地方能人，把好贵州干净茶的第一道门槛。培育茶园管理经纪人和植保社会化服务组织，支持购买社会化服务，对品牌专属基地、出口专用等茶园实施病虫害绿色防控技术重点支持。健全病虫害预测预报机制，形成"县、镇（企业）、村、组、户"五级管控体系；建立健全"购药、使用、安全期间隔"记录台账，实现"有记录、能追踪、可溯源"。在新植茶园推行间作三叶草、大豆、油菜等豆科绿肥，幼龄茶园以草控草增肥技术覆盖率达50%以上。到2025年，茶园病虫害绿色防控集成技术应用推广占全省茶园面积的80%以上。

（三）加强茶树种植基地周边生态环境保护

将具有适宜茶树生态种植的土壤、气候等自然地理条件、海拔600米以上、远离主要公路500米以外、相对连片种植500亩以上、已形成科学的种植方法、良好的质量控制方法，具有一定的资源、技术和效益等优势，茶叶生产组织化程度高，产品市场销售稳定等条件的茶园划定为茶树生态种植保护区。制订《茶树生态种植保护区建设标准》省、市（州）、县三级标准，产茶地区各级人民政府农业农村行政主管部门应出台相应级别保护与扶持措施，支持保护区建设。

（四）推进清洁化生产

产茶地区各级人民政府农业农村行政主管部门应组织、实施茶树种植和茶叶加工、包装、运输等环节的清洁化工作，茶青采摘统一使用竹篮、竹篓、竹筐等环保材料制成的采茶工具，严禁使用塑料盆、塑料袋及其他塑料制品，茶园覆盖率100%；推进茶叶加工设备煤改气，使用清洁能源作为茶叶加工主要能源。支持加工企业进行清洁化改造，各地可因地制宜制订《茶叶加工企业登记颁证管理办法》和《茶叶加工企业规范生产手册》，引导加工企业向清洁化、规范化发展。

（五）建立茶叶质量安全可追溯和监管体系

产茶地区县级以上人民政府及其有关部门应当建立茶叶质量安全可追溯和监管体系，鼓励茶产业经营主体入驻国家农产品质量安全追溯管理信息平台，重点对已在核心乡镇和重点龙头企业建立的茶园投入品专营店和专柜动态监管。支持产茶大县建立以茶叶质量检测中心和农业综合执法大队为基础的茶叶监管体系，加强茶园茶青抽检、茶青交易市场茶青抽检、茶青进厂检测、成品茶抽检等，系统监管本地区茶叶质量安全状况。支持各地因地制宜制订《茶叶质量安全综合管控实施方案》和《茶叶质量安全举报奖励办法》等，实现全程质量安全监管。

（六）严格依法依规进行管控

严格执行《贵州省茶产业发展条例》《贵州省茶园禁用农药品种名单》等茶叶安全相关法规制度，各地县级以上人民政府农业农村行政主管部门应联合地方执法部门严格依法依规进行管控。各地可试行农药实名购买制度，因地制宜制订《农资购买、使用及处置管理办法》，县级以上人民政府农业农村行政主管部门应严防严控农药使用，做实茶叶安全。在茶叶生产重点时段、茶园病虫害高发时期，开展茶叶质量安全专项执法检查，坚决查处催芽素、除草剂、水溶性农药等的使用，坚决打击使用催芽素、除草剂和禁用农药等违法违规行为。各级人民政府农业农村行政主管部门应建立《茶叶质量安全专项执法检查制度》，针对本地重点突出问题，不定期展开专项执法检查。各级茶产业发展专班联系各级茶叶协会(学会、研究会)、组织、研究机构,充分发挥其组织、协作、技术优势,合力管控茶叶安全。

四、茶产业病虫害绿色防控技术集成成果转化

(一)深入茶树病虫害绿色防控技术的研究

探索完善茶树病虫害绿色防控示范集成技术,研究茶树病害高效低成本防控技术、开展茶园高产高效栽培集成技术研究、病虫害绿色防控技术研究等技术集成研究与应用示范,提高茶园管护水平,增加茶园综合效益,形成茶园高产高效栽培集成技术规程。

(二)茶园病虫害绿色防控集成技术推广

依托贵州大学绿色农药与农业生物工程教育部重点实验室在43个茶叶主产县通过示范引领,推广普及以虫治虫、以草治草、免疫诱抗等绿色防控集成技术,优化茶园生态,促进土壤健康,实现提质增效,形成5套技术体系和1套技术集成,集成技术综合防效大于85%,集成技术控制病虫害引发的损失率在5%以内;通过"专家+技术+基地"模式,对品牌专属基地、出口专用茶园实现病虫害绿色防控技术全覆盖,树立绿色防控标杆,加大茶园绿色防控技术推广和宣传力度,期间建设核心示范基地约40个,推广示范面积10万亩以上。

(三)培训专业技术人才,加强技术研究和示范推广

依托贵州大学绿色农药与农业生物工程教育部重点实验室平台,培养茶叶绿色防控技术专业人才15人(博士3人、硕士12人),

加强新技术新方法的研究，加大田间示范推广力度；在 43 个茶叶主产县举办农民田间学校，培育茶园管理经纪人和植保社会化服务组织，分期系统培训一批扎根基层的技术能人 200 人以上，并成立贵州茶叶科技小院，派遣茶学专业技术人员到基地进行零距离服务茶叶生产，推广茶园病虫害绿色防控技术；开展茶园管护水平和绿色防控技术的培训，田间近距离培训农户 50000 人次以上。

第二章

茶树种植实用技术

第一节　新茶园建设

一、茶园规划

茶树及种植在茶园中的其他植物，大多是多年生木本植物，其经济年龄均可达数十年。因此，在茶园建设时，必须科学做好建设规划，严格以生态学原理和生态学规律为依据，根据茶树生育规律及所需的适宜环境条件的特点，妥为考虑决定。

（一）现代茶园建设规划要求

茶园建设应坚持高标准、高质量。其基本原则是实现茶区园林化、茶树良种化、茶园水利化、生产机械化、栽培科学化。

（二）现代茶园园地选择

茶树为长寿常绿植物，一年种，多年收，有效生产期可持续40—50年之久，管理好可维持更长年限。茶树的生长发育与外界条件密切相关，不断改善和满足它对外界条件的需要，能有效地促进茶树的生长发育，达到早期成园、高产优质的栽培目的，为此，建园时必须重视园地的选择。

1. 园地一般山高风大的西北向坡地或深谷低地因冷空气聚积不易种茶，冷空气聚积的地方发展茶园，易遭受冻害，而南坡高山茶园则往往易受旱害。

2. 园地一般地势不高，坡度25°以下的山坡或丘陵地都可种茶，尤其以10°—20°坡地起伏较小是最理想的。

3. 茶园周围至少在5千米范围内没有排放有害物质的工厂、矿山等；空气、土壤、水源无污染，与一般生产茶园、大田作物、居民生活区的距离在1千米以上，且有隔离带。此外，亦应考虑水源、交通、劳力、制茶用燃料、可开辟的有机肥源以及畜禽的饲养等。

4. 茶园选择在酸性土壤，pH值在4.5—6.0之间，一般生长有杉树和蕨菜植物的土壤属于酸性土壤。

（三）园地规划

目前的茶场大多数以专业茶场为主，但为了保持良好的生态环境和适应生产发展的要求，茶场除了茶园以外，还应该具有绿化区、茶叶加工区和生活区；在有机茶园建设中，为了保证良好的有机肥来源，可以规划一定面积的养殖区。当然，这是指有一定规模的茶场（如10公顷以上）。以下用地比例方案，可作为茶场整体规划时参考：① 茶园用地70%—80%；②场（厂）生活用房及畜牧点用地3%—6%；③蔬菜、饲料、果树等经济作物用地5%—10%；④道路、水利设施（不包括园内小水沟和步道）用地4%—5%；⑤绿化及其他用地6%—10%。

1. 园地规划

首先按照地形条件大致划分基地地块，坡度在 25° 以上的作为林地，或用于建设蓄水池、有机肥无害化处理池等用途；一些土层贫瘠的荒地和碱性强的地块，如原为屋基、坟地、渍水的沟谷地及常有地表径流通过的湿地，不适宜种茶，可划为绿肥基地；一些低洼的凹地划为水池。在宜茶地块里不一定把所有的宜茶地都垦为茶园，应按地形条件和原植被状况，有选择地保留一部分面积不等的、植被种类不同的林地，以维持生物多样性的良好生态环境。安排种茶的地块，要按照地形划分成大小不等的作业区，一般以 4.5—19.5 亩为宜，在规划时要把茶厂的位置定好，茶场要安排在几个作业区的中心，且交通方便的地方。在规划好植茶地块后，就可以考虑道路系统、排灌系统以及防护林和行道树的设置了。

2. 道路系统的设置

为了便于农用物资及鲜叶的运输和管理，方便机械作业，要在茶园设立主干道和次干道，并相互连接成网。主干道直接与茶厂或公路相连，可供汽车或拖拉机通行，路面宽 8—10 米；面积小的茶场可不设主干道。次干道是联系区内各地块的交通要道，宽 4—5 米，能行驶拖拉机和汽车等。步道或茶园道有效路面宽 2 米左右，主要为方便机械操作而留，同时也兼有地块区分的作用，一般茶行长度不超过 50 米，茶园小区面积不超过 0.67 公顷。

（1）干道。1000 亩以上的茶场要设干道，作为全场的交通要道，贯穿场内各作业单位，并与附近的国家公路、铁路或货运码头相衔接。主干道路面宽 8—10 米，能供两部汽车来往行驶，纵坡小于 6°

（即坡比不超过 10%），转弯处曲率半径不小于 15 米，小丘陵地的干道应设在山脊。16°以上的坡地茶园，干道应开 S 形。梯级茶园的道路，可采取隔若干梯级空若干行茶树为道路。

（2）支道。又称次干道，是机具下地作业和园内小型机具行驶的通道，每隔 300—400 米设一条，路面宽 4—5 米，纵坡小于 8°（即坡比不超过 14%），转弯处曲率半径不小于 10 米。有主干道的，应尽量与之垂直相接，并与茶行平行。

（3）步道。又称园道，是进茶园作业与运送肥料、鲜叶等物之用，与干、支道相接，与茶行或梯田长度紧密配合，通常支道每隔 50—80 米设一条，路面宽 1.5—2.0 米，纵坡小于 15°，能通行手扶拖拉机及板车即可。设在茶园四周的步道称包边路，它还可与园外隔离，起防止水土流失与园外树根等侵害的作用。

（4）地头道。供大型作业机调头用，设在茶行两端，路面宽度视机具而定，一般宽 8—10 米，若干、支道可供利用的，则适当加宽即可。设置道路网要有利于茶园的布置，便于运输、耕作，尽量减少占用耕地。在坡度较小、岗顶起伏不大的地带，干道、支道应设在水分岭上，否则，宜设于坡脚处，为降低与减缓坡度，可设成 S 形。

3. 水利网的设置

茶园的"水利网"具有保水、供水和排水三个方的功能。结合规划道路网，把沟、渠、塘、池、库及机埠等水利设施统一安排，要沟渠相通，渠塘相连，长藤结瓜，成龙配套。雨多时水有去向，雨少时能及时供水。各项设施完成后，达到小雨、中雨水不出园，大雨、暴雨泥不出沟，需水时又能引提灌溉。各项设施需有利于茶园机械管理，须适合某些工序自动化的要求。茶园水利网包括如下项目：

（1）渠道。主要作用是引水进园，蓄水防冲及排除渍水等，分干渠与支渠。为扩大茶园受益面积，坡地茶园应尽可能地把干渠抬高或设在山脊。按地形地势可设明渠、暗渠或拱渠，两山之间用渡槽或倒虹吸管连通。渠道应沿茶园干道或支道设置，若按等高线开设的渠道，应有 0.2%—0.5% 比例的落差。

（2）主沟。是茶园内连接渠道和支沟的纵沟，其主要作用，在雨量大时，能汇集支沟余水注入塘、池、库内，需水时能引水分送支沟。平地茶园，还要起降低地下水位的作用。坡地茶园的主沟，沟内应有些缓冲与拦水设施。

（3）支沟。与茶行平行设置，缓坡地茶园视具体情况开设，梯级茶园则在梯内坎脚下设置。支沟宜开成"竹节"沟。

（4）隔离沟。在茶园与林地、荒地及其他耕地交界处设隔离沟，以免树根、杂草等侵入园内，并防大雨时园外洪水直接冲入茶园。随时注意把隔离沟中的水流引入塘、池或水库。

（5）沉沙凼。园内沟道交接处须设置主、支沟，力求沟沟相接，以利流水畅通。

（6）水库、塘、池。根据茶园面积大小，要有一定的水量贮藏。在茶园范围内开设塘、池（包括粪池）贮水待用，原有水塘应尽量保留，每 223 公顷茶园，应设一个沤粪池或积肥坑。

贮水、输水及提水设备要紧密衔接。水利网设置，不能妨碍茶园耕作管理机具行驶。要考虑现代化灌溉工程设施的要求，具体进行时，可请水利方面的专业技术人员设计。

4. 防护林与遮阴树

凡冻害、风害等不严重的茶区，以造经济林、水土保持林、风景林为主。一些不宜种植作物的陡坡地、山顶及地形复杂或割裂的地方，则植树为主，植树与种植多年生绿肥相结合，树种须选择速生、防护效果大、适合当地自然条件的品种。乔木与灌木相结合，针叶树与阔叶树相结合，常绿树与落叶树相结合。灌木以宜作绿肥的树种为主。园内植树须选择与茶树无共同病虫害、根系分布深的树种。林带必须与道路、水利系统相结合，且不妨碍实施茶园管理使用机械的布局。

（1）林带布置。以抗御自然灾害为主的防护带，则须设主、副林带；在挡风面与风向垂直，或成一定角度（不大于45°）处设主林带，为节省用地，可安排在山脊、山凹；在茶园内沟渠、道路两旁植树作副林带，二者构成一个护园网。如无灾害性风、寒影响的地方，则在园内主、支沟道两旁，按照一定距离栽树，在园外迎风口上造林，以造成一个"园林化"的流。就广大低丘红壤地区的茶园来看，茶苗稀疏，这种环境，是不符合茶树所要求的生态条件的，"园林化"更有必要。

防护林的防护效果，一般为林带高度的15—20倍，有的可到25倍，如树高可维持20米，就可按400—500米距离安排一条主要林带，栽乔木型树种2—3行，行距2—3米，株距1.0—1.5米，前后交错，栽成三角形，两旁栽灌木型树种。

（2）行道树和遮阴树布置。茶场范围内的道路、沟渠两旁防、住宅四周以及茶行间，用乔木、灌木无共生病虫害的树种相间栽植，既美化了环境，又保护了茶树，更提供了肥源。

茶树在遮阴的条件下，生长发育有一定程度的影响，进而影响茶叶的产量与品质。

根据国内外茶园遮阴树作用的研究，一般认为在夏季叶温达30℃以上的地区，栽遮阴树是必要的，气温较低的地区，没有必要栽遮阴树。据印度托克莱茶叶试验站资料，遮阴透光度为自然光照强度的20%—50%时，茶树叶面积能保持稳定；大于50%，叶面积显著下降；在35%—50%时效果最好。

二、园地开垦

茶树系多年生作物，只有根深才能叶茂，才能获得优质高产。因此，在园地开垦时，必须以"水土保持"为中心，采取正确的基础设施和农业技术措施。前者如排灌系统的修建，道路与防护林的设置，梯田的建立；后者如土地的开垦、整理，种植方式及种植后的土壤管理等。

（一）地面清理

在开垦之前，首先进行地面清理，对园地内的柴草、树木、乱石、坟堆等分别适当处理。柴草应先割掉并挖除柴根和繁茂的多年生草根；尽量保留园地道路、沟、渠两旁的原有树木；乱石可以填于低处，但应深埋于土层1米之下；坟堆要迁移，并拆除砌坟堆的砖、石及清除已混有石灰的坟地土壤，以保证植茶后茶树能正常生长。

（二）平地及缓坡地的开垦

平地及 15° 以内的缓坡地茶园，根据道路、水沟等可分段进行，并要沿等高线横向开垦，以使坡面相对一致。若坡面不规则，应按"大弯随势，小弯取直"的原则开垦。如果有局部地面因水土流失而成"剥皮山"的部分，应加客土，使表土层厚度达到种植要求。

生荒地一般经初垦和复垦。初垦一年四季可进行，其中以夏、冬更宜，利用烈日曝晒或严寒冰冻，促使土壤风化。初垦深度为50 厘米左右，土块不必打碎，以利蓄水，但必须将柴根、竹鞭、金刚刺、狼箕等多年生草根清除出园，将杂草理出成堆集于地面，防止杂草复活。复垦应在茶树种植前进行，深度为 30—40 厘米，并敲碎土块，再次清除草根，以便开沟种植。熟地一般只进行复垦，如先期作物就是茶树，一定要采取对根结线虫病的预防措施。

为了节省开垦劳力，充分发挥农业机械的作用，新茶园时可采用挖掘机挖掘或拖拉机耕翻，深耕适用的机械有挖掘机、履带式拖拉机牵动的三铧犁等。

（三）陡坡梯级垦辟

茶园的开垦，坡度在 15°—25° 之间，地形起伏较大，无法等高种植，可根据地形情况，建立宽幅梯田或窄幅梯田。陡坡地建梯级茶园的主要目的，一是改造天然地貌，消除或减缓地面坡度；二是保水、保土、保肥；三是可引水灌溉。

1. 梯级茶园建设原则

梯级茶园建设过程中有以下几项应遵循的原则：

（1）梯面宽度便于日常作业，更要考虑适于机械作业。

（2）茶园建成以后，要能最大限度地控制水土流失，下雨能保水，需水能灌溉。

（3）梯田长度在60—80米之间，同梯等宽，大弯随势，小弯取直。

（4）梯田外高内低（倾斜度呈2°—3°），为便于自流灌溉两头可呈0.2—0.4米的高差，外埂内沟，梯梯接路，沟沟相通。

2. 梯面宽度确定

梯面宽度随山地的坡度而定，还受梯壁宽度影响，在坡度最陡的地段不得小于1.5米，梯壁不宜过高，尽量控制在1米之内。

3. 梯级茶园的修筑

梯级茶园建设过程中除了对梯级的宽、窄、坡度等有要求外，还应考虑减少工程量，减少表土的损失，重视水土保持。

（1）测定筑坎（梯壁）基线。在山坡的上方选择有代表性的地方作为基点，用步弓或简易三角规测定器测量确定等高基线，然后请有经验的技术人员目测修正，使梯壁筑成后梯面基本等高宽窄相仿，然后在第一条基线坡度最陡处用与设计梯面等宽的水平竹竿悬挂重锤定出第二条基线的基点，再按前述方法测出第二条的基线直至主坡最下方的距离。

（2）修筑梯田，包括修筑梯坎和整理梯面。由下向上修筑，则为"心土筑埂，表土回沟"法，施工时容易，但较费工。由上向下修筑，则为"表土混合法"，使梯田肥力降低，不利于今后茶树生长，同时，也常因经验不足，或在测量不够准确的情况下，又常使梯面宽度达不到标准，但这种方法比较省工，底土翻在表层又容易风化。两种方法比较，仍以"由下向上逐层施工"为好。

修筑梯坎材料有石头、泥土、草砖等几种。采用哪种材料，应该因地制宜，就地取材。修筑方法基本相同，首先以梯壁基线为中心，清去表土，挖至土，挖成宽50厘米左右的斜坡坎基，如用泥土筑梯，先从基脚旁挖坑取土，至梯壁筑到一定高度后，再从本梯内侧取土，直至筑成，边筑边踩边夯，筑成后，要在泥土湿润适度时及时夯实梯壁。

梯壁修好后，进行梯面平整，先找到开挖点，即不挖不填的地点，以此为依据，取高填低填土的部分应略高于取土部分，其中特别要注意挖松靠近内侧的底土，挖深60厘米以上，施入有机肥，以利于靠近基脚部分的茶树生长。

在坡度较小的坡面，按照测定的梯层线，用拖拉机顺向翻耕或挖掘机挖掘，土块一律向外坎翻耕，再以人工略加整理，就成梯级茶园，可节省大量的修梯劳动力。种植茶树时，仍按通用方法挖种植沟。

（3）梯壁养护。梯壁随时受到水蚀等自然因素的影响，故梯级茶园的养护，是一件经常性的工作

第一，雨季要经常注意检修水利系统，防止冲刷；每年要有季节性的维护。

第二，种植护梯植物，如在梯壁上种植紫穗槐、黄花菜、多年生牧草、爬地兰等固土植物保护梯壁上生长的野生植物，如遇到生长过于繁茂而影响茶树生长或妨碍茶园管理时，一年可割除1—2

次，切忌连泥铲削。

第三，新建的梯级茶园，由于填土挖土关系，若出现下陷、渍水等情况，应及时修理平整时间经久，如遇梯面内高外低，结合修理水沟时，将向内泥土加高梯面外沿。

第四，茶树种植和初期管理，茶树种植技术和初期管理工作对植后茶树的成活、生长有很大影响。不合适的种植方法，茶成活率低，掌握好这一过程的技术环节能使茶树快速成长、成园。

三、种植前整地与施基肥

茶树能否快速成园及成园后能否持续高产，与种前深垦和肥用量有关。因为种前深垦既加深了土层，直接为茶树根系扩展创造了良好的条件，又能促使土壤发生理化变化，提高蓄水保肥能力，为茶树生长提供了良好的水、肥、气、热条件；深耕结合施用有机肥料作为基肥。

（一）画种植线

茶行规格确定后，即按其规格测出第一条种植行作为基线。平地茶园要以地形最长的一边或干道、支道、支渠作为依据，将基线与之平行，留1米宽的边划出第一条线作为基线，以此基线为标准，按所定的行距，依次划出各条种植线。梯级茶园种植时，内侧留水沟，外边应留坎埂。

茶行的方向注意几点：

1.能从道路上很容易进入茶园，以便以后人工和机械化"耕—剪—采"。

2.考虑景观效果，茶行尽可能连续。

3.该地块由于地势较低，一定要考虑排水设施，避免涝害。

用石灰粉按照地块实际情况，画出种植线，种植线包括大行1.5米（中小叶种。若为大叶种，可适当放宽至1.7米左右）和小行（60厘米）。如下图：

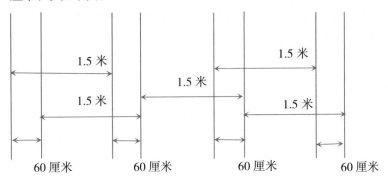

图 2-1 种植线示意图

（二）种植前开沟施肥

种植前未曾深耕的必须重新深垦，已经深垦的，则开沟施基肥。按快速成园的要求，应有大量的土杂肥或厩肥等有机肥料和一定数量的磷肥分层施入基肥。各地在种植前基肥用量差异较大。一般种植前基肥施量少的，需在以后逐年加施，才能促使快速成园。种植前开挖"U"形沟：沟深：50—60厘米，上口宽：60厘米。如图 2-2：

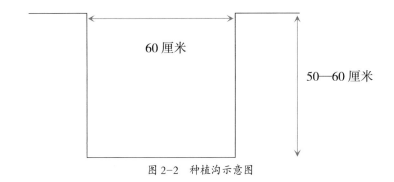

图 2-2　种植沟示意图

60 厘米

50—60 厘米

开好栽植沟，施入基肥，肥与土拌匀，基肥上覆盖一层表土，然后栽植茶苗。栽植沟深 33 厘米左右。

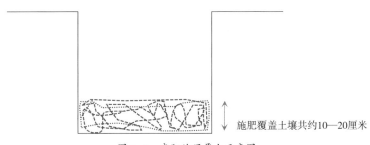

施肥覆盖土壤共约10—20厘米

图 2-3　底肥施用覆土示意图

（三）茶苗移栽

保证移栽茶的成活率，一是要掌握农时季节，二是要严格栽植技术，三是要周密管理。

1. 移植时间确定。移栽适期的依据，一是看茶树的生长动态，二是看当地的气候条件。当茶树进入休眠阶段，选择空气湿度大和土壤含水量高的时期移栽茶苗最适合。以晚秋或早春（11月或第二年2月）为移栽茶苗的适合期，移栽适合期主要根据当地的气候条件决定。具体时间可在当地适期范围内适当提早为好；因为提早移栽，茶苗地上部正处于休眠阶段或生长缓慢阶段，使移栽过程损伤的根系有一个较长的恢复时间。

2. 种植规格。种植规格是指专业茶园中的茶树行距、株距（丛距）及每丛定苗数，是"合理密植"的重要参数。

所谓"合理密植"就是要使茶树在一定的土地面积上形成合理的群体密度，充分利用光能和土壤营养，正常地生长发育并获得高产优质。"合理密植"的密度范围，因栽植区域、茶树品种以及管理水平等不同存在差异。一般认为中叶种茶园单行条列式种植的，行距150—170厘米，丛距26—33厘米，每丛成苗后有1—3株时比较合适。气候寒冷的地区，培养低型树冠以提高茶树抵御低温的能力，可适当提高密度，行距可缩小到115厘米，丛距26厘米左右（如图2-5）。

茶树的经济树龄有几十年，所谓合理的群体结构，应当以成年阶段树型固定时所要占据的空间位置为标准。日本茶农为经济利用土地和适合机械化作业，采用所谓"展开法"种植方式，行距放宽至1.8米。

3. 移栽技术起苗前，应做好移栽所需的准备工作。茶苗要保证质量，中叶种每丛栽1—2株，大叶种单株栽植，亦可2株栽植。一丛栽植2株的茶苗，其规格必须一致，不能同丛搭配大小苗。凡不符合规格的茶苗，加强培育，待来年再移植移栽茶苗，要一边起苗，一边栽植，尽量带土和勿损伤根系，这样可提高成活率。连同育苗的营养钵苗移栽，如果营养钵未腐烂，需去除营养钵，以免茶苗根系与土壤不能充分接触而影响其生长。

4.茶苗种植

（1）沾泥浆保水：为了茶苗种植期间及种植后保水，在种植前，用大桶加水后加入黄土，打泥水浆。泥浆蘸根后再进行移栽。如图2-4。

图2-4　泥浆蘸根示意图

（2）种植形式和种植规格如图2-5。

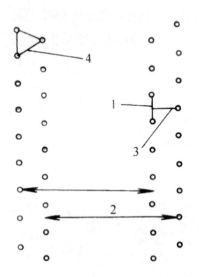

移栽规格

1. 株距26—33 厘米

2. 行距150—160 厘米

3. 列距30 厘米

4. 呈等边三角形

图 2-5 茶树种植形式示意图

（3）移栽时应保持根系的原来姿态，使根系舒展。茶苗放入种植沟中，悬空在种植沟里，覆土固定茶苗，稍微按压后轻轻上提，使茶苗根系自然伸展。然后压实茶苗，使根与土紧密相结，不能上紧下松（如图 2-6）。待覆土至 2/3—3/4 沟深时，即浇定根水，水要浇到根部的土壤完全湿润，边栽边浇，待水渗下再覆土，填满踩紧。覆成小沟形，以便下次浇水和接纳雨水。此处关键是要栽紧，栽好后用食指和拇指抓住苗的顶部适当用力向上拔苗，以拔不起来为准，说明苗就种好了。

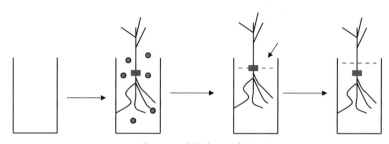

图 2-6　种植过程示意图

移栽茶苗，如果稍有马虎，或栽后管理粗放，就极易死苗，有些地方"年年栽茶不见茶"的现象，主要原因就在这里。

4. 为了保证移栽茶苗成活率，关键要做好浇水抗旱、遮阴防晒、勤除杂草，根际覆盖等工作。

（1）浇水抗旱。移栽茶苗根系损伤大，移栽后必须及时浇水，以后必要时每隔 1—2 周浇 1 次水，浇到成活为止。成活后，可适当施一些发酵过的稀薄人粪尿，以提高苗期的抗旱能力。

（2）遮阴防晒。在幼苗期由于茶园防护林、行道树和遮阴树等都未长成，生态条件差，相对湿度小，夏天强烈阳光照射和高温干旱会使茶树叶子灼伤，严重会使整株茶苗晒死，在"伏旱"季节表现更为明显。在第 1—2 年的高温季节，必须进行季节性遮阴。具体做法是：用狼箕草、杉枝和稻草、麦秆等扎成束，插在茶苗的西南方向，挡住部分阳光。高温干旱季节过后，及时拔除遮阴物或作为铺草材料铺于茶行之间，既保水，又可以增加土壤有机质。

（3）根际覆盖。根据经验，旱季根际铺草，有利于提高茶苗成活率，促进茶苗的生长势。一般无公害茶园可采用稻草、玉米秆、绿肥等作为根际覆盖的材料，绿色食品茶园和有机茶园应以山草、绿肥为主。具体做法是：在茶苗根茎两旁根系分布区覆盖，上面再压碎土。在缺水地块，更应大力采用。秋冬移栽的茶苗，在移栽结束后立即覆盖，可以起到抗寒保温的作用。其他时间移栽的茶苗，则应在干旱季节到来之前覆盖好。

（4）间作绿肥。幼龄茶园合理间作绿肥不仅可解决肥源问题，还可以增加土壤覆盖率，防止水土流失，护梯保坎，增加茶园生物多样性等，也是有机农业生产的重要技术措施。比如在裸露严重的茶园行间，套种白三叶草，白三叶草用作绿肥翻埋和覆盖物，既增加了茶园的土壤肥力，又提高了土壤的抗蚀性。

（5）其他处理方法。主要有：①假植。若苗圃起出的茶苗当天未能移栽和等待装运，或运到目的地后不能及时定植时，则应将其集中埋植在泥土沟内，或用地衣植物包扎根部，放于阴凉处，防止茶苗失水，提高茶苗成活率。②药剂处理。用50毫克／升的NAA处理根系（黄泥浆蘸根）的方法可以明显提高运输茶苗移栽成活率。

（四）种植后茶园管理

实践经验证明，茶树如果在一、二年生时不能全苗，成园后就很难补齐，这是应该引起重视的经验教训。在这段时间中必须千方百计地达到全苗壮苗，才能为以后的茶叶高产优质奠定基础。

1. 抗旱保苗。一、二年生的茶苗，既怕干，又怕晒，要促进其加速生长，必须抓住除草保苗、浅耕保水、适时追肥、遮阴、灌溉等项工作。

2. 间苗补苗。保证单位面积有一定的基本苗数，是正确处理个体与群体关系的一个方面，是争取丰产的基本因素；及时查苗补苗，凡每丛已有 1 株茶苗成活的苗不必再补苗，缺丛则每丛补植 3 株茶苗。这是达到全苗、壮苗的重要措施。凡出苗迟、生长差的茶苗，要增加水、肥抚育。齐苗后当年冬季或次年，要抓紧补苗，否则，待成园以后再补，所补的茶树参差不齐，更严重的是有些不能成丛，故需在一、二年生内将缺丛补齐，保证全苗。补缺用苗，必须用同龄茶苗，一般应用"备用苗"补缺，若用间苗补缺，苗木不能拔，而要挖，否则根系损伤，不易成活。补缺的方法和补后的管理与移栽茶苗相同。

3. 灌溉和修剪。栽好后应立即进行浇灌浇透。种好后一定要立即修剪，只保留 3—4 片健壮叶子，减少水分蒸发，提高成活率，以利于来年促发分枝。如图 2-7：

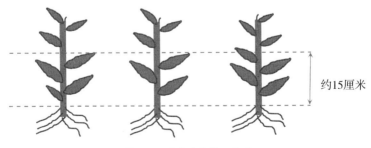

约15厘米

图 2-7 移栽后修剪示意图

4. 幼龄茶园的抚育管理：

（1）施肥：有机肥、复合肥；

（2）铺草：减少蒸发，主要是未封行茶园；

（3）遮阴：夏天；

（4）间作：果树、绿肥（图2-8）。

图 2-8　幼龄茶园防杂草、保水、防寒示意图

（五）品种选择

围绕贵州本地特色、市场需求、产业基础，从源头布局产品差异化发展，以同时兼顾地域特性与产品创新弹性、契合原产地茶叶生产工艺、适宜产地气候条件的特色良种，作为茶园扩张与良种化改造的首选。为了贵州茶产业的健康、特色和高质量发展，在充分调研近10年间贵州主栽品种和新选育品种的基础上，以下品种适宜在贵州推广应用：黔茶1号、黔茶8号、黔茶10号、黔湄601、黔辐4号、福鼎大白茶、中茶108、白叶1号、乌牛早、黄金芽等。

1. 黔茶 1 号

该品种以湄潭苔茶群体种经单株分离无性繁殖培育而成。灌木型，中叶类，早生种。树姿开张，分枝部位较低，分枝密度大。每年春茶开采期一般为 3 月中旬，一芽二叶盛期一般在 3 月下旬。发芽密度中等，育芽力强，芽直而壮，茸毛少，持嫩性强。相同栽培水平条件下产量比福鼎大白茶高 21.6%。春季一芽二叶水浸出物为 45.9%，氨基酸为 4.8%，茶多酚为 17.18%，咖啡碱为 3.89%。制绿茶，外形条索紧实，卷曲，绿润披毫；汤色嫩黄明亮；花香显；滋味清鲜，甘滑；叶底绿亮显芽。制红茶，外形条索紧实，卷曲，显金毫，乌褐润；汤色红明亮；香气清鲜；滋味甘醇；叶底软匀有芽，较红亮。抗小绿叶蝉、茶棍蓟马、黑刺粉虱能力较强。

2. 黔茶 8 号

该品种以昆明中叶群体种采用单株分离经系统选育而成。小乔木型，中叶类，早生种。树姿半开张，分枝部位较高，分枝密度大。每年春茶开采期一般为 3 月中旬，一芽二叶盛期一般在 3 月下旬。发芽密度中等，育芽力强，茸毛多，持嫩性强。产量与福鼎大白茶相当。扦插成活率高。春茶一芽二叶水浸出物为 46.6%，茶多酚为 21.0%，咖啡碱为 4.4%，氨基酸为 5.1%。制绿茶，外形条索紧细，色泽翠绿油润，毫显；汤色嫩绿明亮，带花香；滋味鲜爽；叶底嫩黄明亮。抗茶白星病，抗小绿叶蝉、茶棍蓟马、黑刺粉虱能力较强。

3. 黔茶 10 号

该品种以湄潭苔茶群体种经单株分离无性繁殖培育而成。小乔木型，中叶类，晚生种。该品种树姿直立，分枝部位较高，分枝密度中等。每年春茶开采期一般为3月下旬，一芽二叶盛期一般在4月上旬。发芽密度中等，育芽力强，芽直而壮，茸毛中等，持嫩性强。扦插成活率高。产量高。制绿茶，外形条索尚壮结，卷曲，深绿，显毫；汤色嫩黄，清澈明亮；香气清高，鲜爽；滋味尚浓醇，较鲜爽；叶底嫩厚，多芽，尚嫩绿。制红茶，条索较壮结，卷曲，较乌润，有金毫；汤色红艳、明亮；滋味尚浓醇、尚鲜；叶底厚软，有芽，尚红亮。抗茶白星病、茶饼病，对小绿叶蝉、茶棍蓟马、黑刺粉虱有极强的抗性。

4. 黔湄601

该品种是镇宁团叶茶与云南大叶种人工杂交后代中采用单株育种法育成。植株较高大，树姿半开展，分枝较密。芽叶绿色、肥壮，生育力较强，茸毛多，一芽三叶百芽重平均101.2克。春茶一芽二叶蒸青样水浸出物为43.6%、氨基酸为3.3%、茶多酚为21.0%、咖啡碱为3.5%。产量高，每亩一芽二叶平均产量273.2千克，全年可采单芽，高肥培管理下单芽鲜叶可高达300千克/亩。该品种为红绿茶兼制品种，制红茶品质优良。抗寒、抗旱性较弱。扦插繁殖成活率较高。

5. 黔辐4号

该品种系黔湄419号茶树品种种子经Co60-γ射线处理后，经过系统选育而成，为三倍体植株。小乔木型，大叶类，中生种。植株高大，树姿半开张，分枝部位较高，分枝密度中等。每年春茶开采期一般为4月上旬，一芽二叶盛期一般在4月中旬。发芽密度中等，育芽力强，茸毛多，持嫩性强。抗茶牡蛎蚧、螨类和茶饼病、茶白星病等。春茶一芽二叶水浸出物为44.1%，氨基酸为6%，茶多酚19.22%，咖啡碱为5.11%。制绿茶，外形条索壮结，尚绿润，有毫；汤色嫩绿明亮；香气清高（柚花香）；滋味尚浓、微涩；叶底较厚软，尚绿明亮。制白茶，芽头肥壮，色白如银；汤色浅杏黄色；滋味清鲜回甘；叶底全芽肥嫩，明亮。抗茶牡蛎蚧、螨类、茶白星病等；抗旱性极强。适宜在西南茶区及华南茶区种植。

6. 福鼎大白茶

该品种树势半开张，为小乔木型。分枝较密，节间尚长，树皮灰色。发芽期在3月上旬，11月中旬停止生长，生长期全年达8个月。一芽二叶长5.1厘米。生长势旺盛，抗逆性强，耐旱亦耐寒。繁殖力强，压条、扦插发根容易，成活率高达95%以上。制成红茶、绿茶、白茶品质均佳。芽茸毛多最为特色。一芽二叶茶多酚含量为14.8%、氨基酸为4.0%、咖啡碱为3.3%、水浸出物为49.8%。

7. 中茶108

该品种属灌木型、中叶类、特早生种。叶片呈长椭圆形，树姿半开张，分枝较密，一芽三叶百芽重5.5克，芽叶黄绿色，茸毛较少。春茶一般在3月上中旬萌发，育芽力强，持嫩性好，抗寒性、抗旱性、抗病性均较强，尤抗炭疽病，产量高。制绿茶品质优，适制龙井、烘青等名优绿茶，春茶一芽二叶干样约含氨基酸4.2%，茶多酚23.9%，咖啡碱4.2%。其母体是龙井43号，专家对龙井43号的芽梢进行辐射，诱导芽变，改变了芽梢中的DNA。

8. 白叶 1 号

该品种嫩叶纯白，仅主脉呈微绿色，在春末时变为白绿相间的花叶，至夏转全绿色。很少结籽，因其氨基酸含量高出一般茶，为 6.19% 以上，茶多酚为 10.7%。该品种对自然条件的依赖性较强，是一个具有阶段性白化现象的温度敏感型突变体，越冬芽在日平均温度 23℃ 以下时生长的新梢才有白化现象，超过这一阈值就不表现，并逐渐返绿，夏秋茶均为绿色。

9. 乌牛早

该茶树发芽特早，春芽萌发期一般在 2 月下旬、3 月上旬；发芽密度较大，芽叶肥壮，碧绿，富含氨基酸，春茶鲜叶氨基酸含量约为 4.2%，茸毛中等。持嫩性较强；抗逆性较好，产量尚高，适制绿茶，尤其是扁形类名优茶，所制之茶品质超群，清香醇甘，是不可多得的早春绿茶。外形扁平光滑，挺秀匀齐，芽锋显露，微显毫，色泽嫩绿光润；内质香气高鲜，滋味甘醇爽口，汤色清澈明亮，叶底幼嫩肥壮，匀齐成朵。

10. 黄金芽

该茶树品种春、夏、秋三季新梢均呈金黄色，黄色程度随光照强弱而变化，光照减弱（遮阴或树冠下部叶片）后转绿色，全光照叶片四季呈金黄色泽。该茶树树型为灌木型、植株半开张、小叶种、树势中等。一芽二叶初展百芽重 12.9 克。春茶一芽二叶茶多酚含量为 23.4%、氨基酸为 4.0%、咖啡碱为 2.6%、水浸出物为 48.4%。产量中等，适制名优绿茶。

低产茶园改造规划内容包括低改任务、目标、方式、进度和技术方案等。就绝大多数茶区或茶叶生产单位来说，茶园低产改造应分 3—4 年完成，每年改造的比例可由少到多，由易到难，使前期改造的茶园尽快增加产出，以补后期改造的投入。凡修剪更新改造的茶园在 2—3 年内树高达 70—80 厘米，覆盖度达 80% 以上，绿叶层厚 12 厘米以上，叶面积指数 3 以上；换种更新茶园一般按正常新建茶园的要求进行。有关低改的资金、生产资料必须及时到位，低改工作与正常生产茶园的培育管理及周期性的修剪复壮要有机结合，纳入各年的生产经营计划。由于低产的成因和程度不同、茶树树龄树势和园相不同、低产园所处地形地势不同等，在规划改造时要本着因地因园制宜的原则，采用不同措施，确定是复壮改造，还是换种改植，嫁接换种；或"退茶还粮""退茶还林"等。

低产茶园复壮改造技术，包括茶树群体结构改造、树冠改造、改善管理和换种改造等。

一、茶树群体结构改造

茶树群体结构不够合理的低产茶园，如丛式茶园、缺丛和断行多的条列式茶园、茶树覆盖度低等情况，应调整群体结构。

调整群体结构要因园、因树制宜。对于丛栽茶园，如果无固定株行距，且行向排列不合理，宜重新规划改植换种。对于缺丛断行明显、但树龄尚不大的低产茶园，则可在修剪改造原有茶树树冠的同时用2足龄大苗或者采用同龄同品种的其他地块的茶树补缺，使其完整。实践表明，茶园补植是较困难的，要过"三关"：即浅耕除草时不挖断茶苗，深耕时不松动茶苗，夏秋干旱时要浇水、铺草、保苗。

二、树冠改造

改造树冠，就是对茶树地上部长势衰弱的枝条、结构不良的枝系（即分枝系统）或枝群（树冠上同一层次的枝条的总称）进行改造，提高其生理机能，恢复树势，重新塑造优质高产型树冠。低产茶园的茶树树冠的特征：枝叶不茂盛，"鸡爪"枝多；有的树体过高且分枝级数太多，新梢瘦弱成为"高脚茶蓬"；有的枝条生长参差不齐，存在明显的"两层楼"现象；有的树体过于矮小成"塌地茶蓬"，病虫枝、细弱枝多，育芽能力差等。应针对茶树树冠衰败的程度进行改造，具体方法可参照茶树修剪技术有关章节。

三、改善管理

对于低产茶树来说，修剪只是一种刺激性手段，促进相应部位更新枝的萌生，但并非物质基础本身。如果其他管理措施，特别是培肥管理跟不上去，再加上采摘不合理，防治病虫害不力，就可能导致更新复壮效果不好，而且很快又重新沦为低产茶园。

（一）肥水管理措施

低产茶园往往土壤养分含量不足，故在以氮为主的同时，补充多种营养元素于茶园土壤中，丰富土壤养分总量和速效养分供应量，是肥水管理的中心环节。为避免施肥的盲目性，可实行测土配方施肥。低产茶园施肥既要考虑每年采茶和修剪带走的养分，同时还应考虑树冠恢复或重建的需要，实施一基三（或两）追的施肥制度。基肥宜早施，量宜多；时间以9—10月为宜，以有机肥为主，配以全年磷、钾肥用量；为茶树安全越冬、春茶早发、多产提供物质基础；春茶追肥（即催芽肥）宜早偏少；夏茶追肥宜早偏多；秋茶追肥亦宜适时适量。

不少茶园低产与土壤水分状况不佳有关，如低地茶园春天渍水，瘠地坡地茶园秋季缺水，都会限制茶树的生长，进而导致低产。4月至7月上旬土壤水分充足，基本上处于茶树生育最适需水的范围；7月下旬至12月上旬土壤含水率很低，茶树根系集中的中下层土壤含水率在7月底下降至最低谷，整个8月份维持在15%以下的低水平，同期表土层含水率同时下降，有时达到10%以下。保水蓄水对大多数坡地茶园水分管理是关键之一。为此，低产茶园应在园外改善保蓄水，避免水土流失；园内采取深耕扩大蓄水能力，宜铺草减少水分的蒸发和流失。茶园铺草可减少水土流失量40%，土壤水分蒸发速率与损耗量减少50%以上，保证茶树生长更旺，秋茶产量增加20.8%。

经修剪改造后不久的茶园，一般土壤裸露面大，不仅地面蒸发量大，水土易流失，而且土表层在降水冲击下容易板结，杂草滋生很快，故应适当增加浅（中）耕除草的次数，及时防除杂草和疏松表土。

（二）采摘管理措施

采摘不合理是很多茶园低产的不可忽视的原因之一，同时又是许多茶园修剪改造后产量仍然上不去的限制性因素。

为了使茶树尽快从修剪的"创伤"中恢复过来，尽快恢复修剪所失去的部分，即加快新的分枝系统或枝群的建成，在更新修剪措施执行后的相当一段时间里应坚持少采多留，如台刈、重修剪后的第一年只能适度打顶养蓬，辅助定型修剪的作用；第二年仍以打顶采为主，最后一季茶可视茶树长势决定采的强度，长势差的只能适度打顶或蓄养，长势强的可执行留1—2片新叶采；剪后第三年才可视树势转入正常的采法，但全年仍要注意新叶留养。深修剪后第一个茶季一般不应采茶，第二个茶季可打顶采，以后再视树势逐步转入正常采摘。所谓正常采摘，每年至少有一季留新叶采，其他各季留鱼叶采，并因品种、树势和气候特点等掌握好开园期和封园期。

（三）茶树保护措施

不同茶树保护工作的重点会有所不同。病虫害的防治是一项经常性工作。低产茶树往往有病虫和低等植物寄生，其中尤其是枝干病虫害，不容易防除；在修剪更新时应剪去被害严重的枝条，而且对所留枝条上的苔藓地衣也应清除，并喷一次农药。修剪的同时应清除茶丛内外枯枝落叶和杂草，除去病害寄主和害虫越冬场所，对周围未改造茶树亦应加强病虫害防治，以免蔓延感染改造后的茶树。

另外，在改树改土后一定要退除不合理的间作。

总之，低产茶园改造是一个系统工程，改树、改土是中心，改善管理是保证。只有认真抓好低改工作的各个技术环节，才能收到预期的改造效果。

（四）换种改造

低产茶园换种更新的方式有改植换种和嫁接换种，其中改植换种又可通过改植换种或新老套种方式实现。

1. 改植换种对于那些缺株率大、行距不合理、树龄老、品种种性差和园地规划设计不合理的茶园，宜进行改植换种，即挖掘老茶树，按新茶园建设的标准重新规划设计，布设道路、水利和防护林系统，全面运用深翻或加客土，施足底肥等改土增肥措施，重新种上新的良种茶苗。

改植换种时，要注意消除原来老茶树长期生长造成的异株克生因素，包括：第一，有害物质的积累，如老茶树的根系分泌物中不利于新植幼树生长的因素，操作时，将原来的老茶树连根拔除，拾尽残留老根，深翻和晒土，并种植1—2季绿肥。第二，如果前期长期大量施用酸性肥料导致土壤酸化严重，对这种土壤必须以深耕、施石灰和有机质肥等加以矫正。第三，由于长期连作和施用固定的肥料，使得茶树所需的某些养分缺乏，改植前应予以克服。

2. 新老套种改植换种虽然改造最彻底，但重新成园慢，而且投资大。为了使生产不间断，可以采用新老套种的方法，即在老茶树行间套种新茶树，待新茶树成园投产后再挖去老茶树。这种换种法能较好地控制了水土流失，对茶园生态环境破坏小，加强幼树管理，可缩短投资回收期。但如果原来建园不合理，如中陡坡地未修建梯田，或茶行未按等高设置等，必须重新规划设计和建设的低产茶园，还是以改植换种方式最合适。

采用新老套种法的茶园一般为平地或缓坡地，无需作地形调整，且老茶树种植规格比较一致，条列式种植，行距在 1.5—2.0 米范围内。新老套种可依下列三步骤进行：

（1）老茶树处理。改植换种一般在冬末春初进行，首先要对老茶树进行重修剪，剪口高度离地面约 35—40 厘米。

（2）深翻改土。在原来老茶树行间进行深翻改土，深 50—60 厘米，宽 80—100 厘米，切断改植沟内的老茶树根系，沟内施足有机肥。基肥必须和土充分拌匀，然后再在已深改的土壤上开出种植沟。

（3）定植茶苗。2 月份以前种植新茶苗，行距与原来的老茶树相同。如果老茶树行距 1.5 米，新茶树单行栽植，株（穴）距 25 厘米左右；如果老茶树行距接近 2 米左右，则宜双行栽植新茶树，小行距与株（穴）距均为 25—30 厘米。每丛栽 1—2 株茶苗。定植时需浇足定根水。

（4）新老套种后的管理。原有已修剪的老茶树和新植幼树是一个人工组合的新群体，它们之间既统一又对立，老茶树的存在为新植茶树提供遮阴适当、减弱光照的作用，但两者之间存在竞争水肥和空间的问题，必须采取有效措施协调。

第一，加强对新植茶树的抗旱保苗措施，干旱严重时应浇水保幼树。

第二，通过强采和修剪措施控制老茶树树冠扩展，让新茶树有一个较为开阔的生长空间，同时缓和新老茶树对光、水、肥需求的矛盾。

第三，新老茶树同时生长，对土壤养分需求大，应增施肥料，既保证幼树生长，又提高老茶树的产量，更好地发挥新老套种这种更新换种方式的优越性。

第四，套种茶园在耕作施肥和采摘时要特别谨慎，避免伤害幼龄茶树根系，幼树在第三次定型修剪前不得任意采摘。

第五，新茶树种植后3—4年时，可一次或分批挖去老茶树，但注意不伤新树根系。

第三节　茶树种苗繁育

茶树种苗繁育主要是指茶树扦插技术。茶树扦插技术包括了扦插时间的掌握、插穗的选择和剪取、育苗地条件的调控和促使快速发根技术等等。

一、扦插时间的选择

一般而言，只要有穗源，茶树一年四季都可以扦插。但由于各地的气候、土壤和品种特性不同，扦插的效果存在一定的差异。对于时间的选择，应充分发挥各地气候、季节及品种的最大优势。

（一）春插

2—3月间利用上年秋梢进行的扦插叫春插。其主要优点是，管理得当，苗木可当年出圃，园地利用周转快，管理上也较方便和省工。但是由于地温较低，扦插发根慢，要70—90天才能发根，且往往是先发芽后发根，造成养分消耗过多，如得不到及时的补充，穗条本身的营养物质储藏不够，因而春插的成活率低。春插前期的保温和加强苗木后期的培肥管理尤为重要。此外，春插的插穗来源不足。

（二）夏插

6月至8月上旬利用当年春梢和春夏梢进行的扦插，称为夏插。其主要优点：扦插发根快，成活率高，苗木生长健壮，但由于夏季光照强、气温高，光照和水分的管理要求高，且育苗时间需要一年半左右，相对成本较高，土地利用率低。

（三）秋插

8月中旬至10月上旬，利用当年的夏梢和夏秋梢进行的扦插称为秋插。秋季气温虽然逐渐下降，但地温稳定在15℃以上，且秋季叶片光合能力较强。因而秋插的发根速度仍较快，秋插的成活率与夏插接近。秋插管理上比夏插方便、省工，苗圃培育时间较夏插短，成本较低，更重要的是采用秋插，春茶期间可利用母本园采摘高档名优茶，增加收入。不足之处是晚秋插的苗木较夏梢略小，所以加强苗木后期培肥管理是提高秋插苗木质量的关键。秋插选择在这一时间段的早期进行较为合适，使冬季来临时，已有根系发生，第二年春能快速生长。

（四）冬插

10月中旬到12月间利用当年秋梢或夏秋梢进行的扦插，称为冬插。一般在气温较高的南方茶区采用。在气温较低的茶区采用冬插，须采用塑料薄膜和遮阳网双重覆盖，效果较好，但成本增加。

总之，从扦插苗木质量来看，以夏插为优，从综合经济效益来看，选择早秋扦插为理想，既可保证茶苗质量，又降低成本，增加茶园收入。

二、剪穗与扦插

为了提高扦插成活率和苗木质量，必须严格把握剪穗质量和扦插技术。

（一）穗条的标准与剪取方法

母树经打顶后10—15天左右，即可剪穗条。用作穗条的基本要求是：枝梢长度在25厘米以上，茎粗3—5毫米，2/3的新梢木质化，呈红色或黄绿色。穗条剪取时间以上午10时前或下午3时后为宜。为保持穗条的新鲜状态，剪下的穗条应放在阴凉、湿润处，尽量做到当天剪的穗条当天插完。如需外运，穗条要充分喷水，堆叠时不要使枝条挤压过紧，以减小对插穗枝条的伤害。贮运不能超过3天，期间得注意堆放枝条的内部是否发热，避免因堆压过紧发热，灼伤枝条。在剪取穗条时，注意在母树上留1片叶，以利于恢复树势。

（二）插穗的标准与剪取方法

穗条剪取后应及时剪穗和扦插。插穗的标准是：长度约3厘米，带有一片成熟叶和一个饱满的腋芽。通常一个节间剪取一个插穗，但节间过短的，可用2个节间剪成一个插穗，并剪去下端的叶片和腋芽。要求剪口平滑，稍有一定倾斜度，保持与母叶成平行的斜面（见图2-9）。

图 2-9　插穗的标准与剪取方法示意图

（三）插穗的处理

插穗剪取后，一般不经过任何处理可以进行扦插。为了促进插穗早发根，特别是提高一些难以发根的品种的发根率、成活率和出苗率，生产上采用植物生长类药剂处理，促进根原基的形成，提高生根能力，具体方法见本节。

（四）促进插穗发根技术

扦插密度生产上常用的扦插规格，行距7—10厘米，株距依茶树品种叶片宽度而定，以叶片稍有遮叠为宜，中小叶种的穗间距1—2厘米，每公顷可插225万—300万株。春插、秋插的生长周期较短可适当密些，夏插生长周期长，生长量大，为防止部分小苗生长受压制，扦插密度应稀些。

（五）扦插方法

扦插前将苗畦充分洒水，经 2—3 小时水分下渗后，土壤呈湿而不黏的松软状态时进行扦插为宜。这样既防止土壤过干造成扦插过程损伤插穗，又解决土壤过潮湿，扦插时容易黏手，影响扦插的质量，工效低等问题。

扦插时，沿畦面划行，留下准备扦插行距印痕，按株距要求把插穗直插或稍倾斜插入土中，深度以插入插穗的 2/3 长度为宜。边插边将插穗附近的土稍压实，使插穗与土壤密接，以利于发根。插完一定面积后立即浇水，随时盖上遮阳物。如果在高温烈日下，要边扦插、边浇水、边遮阳，以防热害。

三、促进插穗发根技术

大多数茶树品种扦插容易发根，但也有一些品种发根较难，成活率低，即使发根较易的品种，也需要 50—60 天才能有新根发生。发根前，每天需浇两次水，管理费工。促进发根技术的研究为解决上述问题提供了帮助。

（一）激素在茶树扦插中的应用

激素促进发根技术分处理母树和处理插穗两种。处理母树在留养新梢成熟时，于剪枝前 7 天左右，喷生根粉。喷时要求充分湿润枝叶。这种处理方法可明显提高扦插后发根的时间，一些秋季扦插的苗地，采用此法，比进行扦插时浸、蘸插穗等方法操作简便，且更有效。秋插时，能促使茶苗在越冬前有一定量的不定根早发，对越冬抗冻力的提高有利。

用浸蘸的方法处理插穗，可在扦插前数小时进行，一般地，将插穗茎部1—2厘米浸在激素溶液中，浸的浓度与时间有关。

（二）母树黄化处理

根据国内外试验，认为对母树进行黄化处理，可以提早发根，促进根群发育，提高成活率。一般认为黄化处理能促进发根，与枝条内吲哚乙酸含量增加和碳氮比例改变有关。黄化处理的具体方法是：在母树新梢长至1芽3叶时，在母树茶行上搭隧道式拱架，架高比茶丛高30厘米，上用黑色塑料薄膜覆盖，或用稻草覆盖，除茶丛下部20厘米空着利于通气，其余全部遮盖，经2—3周遮光后，撤销覆盖物，让其在正常情况下生长15天左右，即可剪取穗条进行扦插。黄化处理成本较高，一般对于一些扦插发根困难的品种才应用此技术。

（三）苗圃地整理

一般情况下，苗圃地需要进行两次翻耕。第一次深度为30厘米左右即可。第二次在作苗床时耕约15—20厘米，做到土块碎，地面平。开设排灌和道路系统。尽可能与道路垂直，以便管理。苗床宜东西向。苗床宽100—130厘米，长15—20米为宜，畦底宽40厘米左右。施入一定数量的基肥半个月后才能扦插。铺盖心土5厘米左右（见图2-10）。

图 2-10 苗圃地整理示意图

四、扦插育苗管理措施

从扦插至苗木出圃的整个生产过程，是由一系列配合密切的环节组成的，必须把好每一个环节，否则某一个环节措施失当，就可能造成严重损失或失败。如扦插前后，扦插苗常因遭受日晒、病害和湿害而死亡；越冬时期易遭受霜、寒及冬旱危害。第二年春、夏季因受热和干旱而受损；施肥不当也会产生肥害等。因此，扦插后必须加强管理，这是提高成苗率、出苗率和培养壮苗的关键。

（一）水分管理

扦插育苗对于水分的管理要特别予以重视。目前普遍采用短穗扦插，由于插穗短小、入土浅，插穗刚插入土时，上端伤口及母叶蒸发量大，下端又未发根，吸水能力弱，故在发根前，要特别注意保持土壤和空气湿润。一般以保持土壤持水量70%—80%为宜，发根前要高些，保持在80%—90%之间，尔后降低。在扦插发根前，晴天早晚各浇水1次，阴天每天1次，雨天不浇，注意及时排水。发根后（插后40天）每天浇1次。

为了省工，也可采用塑料薄膜封闭育苗，不必每天浇水。如前所述的隧道式中棚，插好后浇足水，盖上薄膜，四周封闭。上盖遮阳网，经40—50天插穗发根即可揭膜炼苗，入冬前再重新盖上薄膜越冬。此期间注意防病除草，并在塑料膜内放置温度计，检查膜内温度变化，若膜内温度高至30℃以上，要注意采取降温措施，以免温度进一步升高灼伤插穗。

（二）光照管理

阳光是插穗发根和幼苗生长的必需条件。但光照过强，叶片失水，会造成插穗枯萎甚至死亡。光照不足，叶片光合作用较弱，影响发根和茶苗生长。所以，在遮阳时必须控制好遮阳度，一般遮阳度以60%—70%为好。在实际生产中，应结合品种特性和不同生育阶段灵活掌握。大叶种叶片大，耐光和耐热性都较中小叶种差，遮阳度要高些，而中小叶种相对低一些。扦插初期遮阳度要高些，随着根系的形成和生长，遮阳度逐渐下降。根据各地经验，夏秋扦插的苗木，遮阳至第二年4月份，秋冬扦插的苗木，第二年的6月前全部揭除遮阳物为好。

（三）培肥管理

应根据苗期、苗圃土壤肥力、品种以及幼苗生长状况，做好培肥管理。如生长势较强的品种和土壤肥沃的苗圃，应少施追肥；反之，则应多施肥。春插、晚秋及冬插的苗木，为了保证第二年出圃，必须增施肥料，以弥补生长时间的不足，一般在发根后开始追肥；秋插的幼苗在第二年4月开始追肥，可结合洒水防旱进行，以后每隔20天左右施一次。夏插和早秋插的苗木从插到出圃，生长周期达15个月以上，过多施肥，一方面在冬季易发生寒害，而且造成次年夏徒长，大苗往往压抑小苗生长，从而降低出苗率。所以一般扦插当年不施肥，待第二年春芽萌发后，再开始追肥。总之，根据苗木生育状况，看苗施肥。

杆插苗幼嫩柔弱，不耐浓肥。在施追肥时，注意先淡后浓，少量多次。初期的追肥最好施用加10倍水左右的稀薄人粪尿或腐熟的厩肥。茶苗长至10厘米左右，浓度可提高1倍。每次追肥后，要喷浇清水洗苗，以防肥液灼伤茶苗。

（四）中耕除草与病虫需防治

扦插苗床，因水、温适宜，杂草容易发生，苗圃杂草要及时用手拔除，做到"拔早、拔小、拔了"，这样才不至于因杂草根太长而在拔草时损伤茶苗幼根。扦插苗圃环境阴湿、容易发生病害，随着茶苗长大，虫害渐增加，要根据各地病虫害发生情况及时防治。

（五）防寒保苗

当年冬天前未出圃的茶苗，在较冷茶区苗圃要注意防冻保苗。冬前摘心，抑制新梢继续生长，促进成熟，增强茶苗本身的抗寒能力。其他防寒措施，可因地制宜，以盖草、覆盖塑料薄膜，留遮阳棚，寒风来临方向设置风障等遮挡方法保温，或以霜前灌水、熏烟、行间铺草等以增加地温与气温。目前生产上采用的塑料薄膜加遮阳网双层覆盖,可以控制微域生态条件,有效地提高苗床的气温和土温,既可以促进发根,又可防寒保苗,是秋、冬扦插中值得推广的一项有力措施。

苗圃管理除了做好以上工作外,还需及时摘除花蕾,插穗上的花蕾的着生会大量消耗体内的养分,也会抑制腋芽的萌发生长。所以如有花蕾,应立即摘除,抑制生殖生长,以集中养分,促进茶苗的营养生长。

五、苗木出圃与装运

茶苗能否出圃,不同的生产要求,都有基本相同的标准。即茶苗应达一定高度和粗度,不然,影响移栽后的成活率。在茶苗装运过程中,合理的装运方式对茶苗的活力有极大的影响,因此,必须重视做好茶苗出圃、装运这一环节的各项工作。

种苗标准为苗木和种子的质量规格,是国家检测机构对茶树种子和苗木质量检验及分级的标准。目的是控制不合格种苗的种植和使用,保证新建茶园的质量。

第三章

茶园病虫害绿色防控实用技术

　　本章重点介绍与贵州省茶产业化、现代化挂钩的茶园病、虫、草害绿色防控的关键实用技术，坚持"生态为根、农艺为本、生防为先"的绿色防控理念，重点推广"以采代防、采防结合""以草治草、以草抑草""以虫治虫、以菌治虫"的绿色防控关键技术，具体分节讲述现代茶园病害、虫害、草害、生态管理、冬季管理五个方面的内容。

茶树绿色防控总体研究思路

引入天敌资源 → 生物防治技术 ← 生态系统构建

生态防控

农艺管控技术
物理防控技术 → 综合防控及集成 ← 生态调控技术
免疫诱抗技术　　　　　　　　　　安全用药技术

田间试验

全程绿色控害技术 ← 农残分析及农产品安全监控

应用推广

针对贵州茶园病虫草害，宋宝安院士带领团队提出了以"生态为根、农艺为本、化学防控为辅助"的现代植保理念，构建可持续发展的茶树病虫害集成防控技术体系

图3-1　贵州省茶园病、虫、草害绿色防控研究路线图

第一节　茶园病害管理

　　贵州省茶园常见病害有茶赤星病、炭疽病、茶饼病、轮班病以及由真菌所致的叶斑病。

图 3-2　2016 年茶赤星病对贵州省石阡县茶园的为害

茶炭疽病　　　　　　　　茶饼病

轮斑病　　　　　　　　　叶斑病

图 3-3　茶炭疽病、茶饼病、轮斑病、叶斑病症状

主要防治技术有：

1. 加强茶苗病害检疫，杜绝病苗调运。

2. 构建茶园生态系统，清除杂草，种植绿肥，促进茶树健康生

长。增加茶园通风透光，降低病害发生率。

3. 增施磷、钾肥，使用海岛素、申嗪霉素，提高茶树抗病能力。

4. 强化茶园管理，通过修剪、摘除等措施，去除病枝、病叶，带离茶园。

5. 对于未采摘茶叶的茶园或早春茶园和晚秋茶园，可喷施0.6%—0.7% 石灰半量式波尔多液、0.2%—0.5% 硫酸铜液、12% 松脂酸酮乳油 600 倍液或 45% 石硫合剂结晶 300—500 倍液，或 29% 石硫合剂水剂 200—300 倍液，均匀喷雾。如需采茶，可在喷施药剂后 20 天采茶。

6. 发病初期，生态茶园可选择 10% 多抗霉素 1000 倍液，叶面喷雾。无公害茶园，可选择三唑酮、嘧菌酯等药剂，并按药剂推荐剂量和安全间隔期施用。

图 3-4　海岛素、申嗪霉素在开阳、石阡、都匀和江口等地的抗病抗逆防治试验

贵州省常见茶园虫害及对应主要防治措施有：

1. 茶小绿叶蝉

图 3-5　茶小绿叶蝉

半翅目，叶蝉科。在贵州，一年发生 8—12 代左右，且世代交替。严重为害夏秋茶，受害茶树芽叶蜷缩、硬化、叶尖和叶缘红褐枯焦，芽梢生长缓慢，对茶叶产量和品质影响很大。

主要防治技术有：

（1）农艺措施。冬季进行清园、石硫合剂封园，杀死越冬虫卵。及时采摘和分批采摘，可以带走大量虫卵和低龄若虫。

（2）天敌防治。可以选用胡瓜钝绥螨、斯氏钝绥螨等捕食螨或小花蝽进行防治，按照益害比1∶20的比例人工释放天敌。

（3）光色诱杀。田间放置茶小绿叶蝉诱芯色板和安装诱虫灯，诱杀害虫。

（4）生物药剂防治。调查虫情，药剂可以选用80亿孢子/毫升金龟子绿僵菌，亩用量40—60毫升。

2. 茶棍蓟马

图3-6　茶棍蓟马

缨翅目害虫，主要为害嫩梢芽叶。在贵州，茶棍蓟马世代重叠。茶棍蓟马成、若虫具趋嫩性，喜在嫩叶叶面活动和取食，以成虫和若虫锉吸茶叶汁液，被害叶片主脉两侧能见多条纵向内凹的疤痕，叶片微卷，质地变脆，严重者整叶脱落。

主要防治技术有：

（1）农艺措施。冬季进行清园、石硫合剂封园，杀死越冬虫卵。及时采摘和分批采摘，可以带走大量虫卵和低龄若虫。

（2）天敌防治。可以选用胡瓜钝绥螨、斯氏钝绥螨等捕食螨或小花蝽进行防治，按照益害比1∶20的比例人工释放天敌。

（3）生物药剂防治。调查虫情，药剂可以选用6%乙基多杀菌素，亩用量10—20毫升。

3. 茶黑刺粉虱

图3-7　茶黑刺粉虱

同翅目，粉虱科。在贵州，一年发生 4—5 代，以 2—3 龄幼虫在叶背越冬。幼虫定居叶背刺吸汁液，并排泄"蜜露"招致煤病发生，使树势减退，芽叶稀瘦。

主要防治技术有：

（1）农艺措施。冬季进行清园、石硫合剂封园，杀死越冬虫卵。及时采摘和分批采摘，可以带走大量虫卵和低龄若虫。

（2）天敌防治。可以选用胡瓜钝绥螨、斯氏钝绥螨等捕食螨或小花蝽进行防治，按照益害比 1 ：20 的比例人工释放天敌。

（3）生物药剂防治。调查虫情，药剂可以选用 6% 乙基多杀菌素，亩用量 10—20 毫升，或 99% 矿物油 200 倍稀释液喷雾防治。

4. 茶毛虫、茶尺蠖、茶毛股沟臀叶甲等食叶性害虫

茶毛虫，属鳞翅目，毒蛾科，黄毒蛾属。在贵州，一年发生 3 代茶毛虫，以卵块在老叶背面越冬。幼龄幼虫咬食茶树老叶成半透膜，以后咬食嫩梢成叶成缺失。幼虫群集为害，常数十至数百头聚集在叶背取食，虫害严重时茶树叶片取食殆尽。

图 3-8　2015—2017 年贵州安顺市西秀区茶黑毒蛾和普定茶毛虫为害

　　茶尺蠖，属鳞翅目，尺蠖蛾科。在贵州，一年发生 6—7 代，以蛹在树冠下表土内越冬。翌年 3 月上旬、中旬成虫羽化产卵，4 月初第一代幼虫始发，为害春茶。幼虫咬食叶片成弧形缺刻发生严重时，将茶树新梢吃成光秃，仅留秃枝，致树势衰弱，而寒力差，易受冻害。虫害发生时常将整片茶园啃食一光，状如火烧，对茶叶生产影响极大。茶毛股沟臀叶甲，体长 4.8—6 毫米。在贵州，一年发生 1 代茶毛股沟臀叶甲，以卵块在老叶背面越冬。次年 3 月、4 月化蛹，蛹盛期在 4 月下旬。5 月上旬成虫开始羽化出土。成虫体腹面黑褐色，体背颜色雌雄常不同；一般雄虫为金属绿色，雌虫金属蓝色，也有少数个体雌雄体背均为黑色并闪金属光泽。成虫咬食茶树老叶，呈筛孔状，严重影响光合作用。

图 3-9　2014 年茶尺蠖对贵州省凤冈县茶园的为害

食叶性害虫主要防治技术有：

（1）农艺措施。冬季进行清园、石硫合剂封园灭蛹。

（2）生物防治。可以选用茶毛虫或茶尺蠖核型多角体病毒进行防治幼虫，亩用量 150—700 亿个多角体。

（3）光色诱杀。可以选用茶毛虫或茶尺蠖性诱剂和杀虫灯进行诱杀成虫。

图 3-10　2016 年在湄潭高原春雪茶园基地引入瓢虫和寄生蜂"以虫治虫"

图 3-11　2017 年 6 月石阡龙塘茶叶园区开展无人机释放胡瓜钝绥螨

图 3-12　2017 年贵定云雾人工释放胡瓜钝绥螨和斯氏钝绥螨

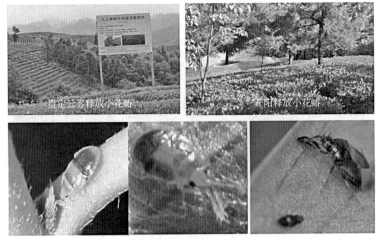

图 3-13　茶园人工释放小花蝽"以虫治虫"

图 3-14　都匀、湄潭、石阡、贵定等地使用多杀菌素防控茶树害虫

第三节　茶园草害管理

　　贵州省茶园草害管理重点针对幼龄茶园，目前幼龄茶园杂草防除建议采用种植三叶草，具体措施有：

　　1.播种时期

　　白三叶草种子的适宜播种时期为春播和秋播。夏季因气温高，不建议播种。春播可在 3 月底至 4 月底；秋播可在 9 月下旬至 10 月上旬。考虑茶园采茶等农事操作，建议茶园三叶草播种时间为秋播。

2.土壤处理

三叶草种子小，幼苗纤细，出土力弱，苗期生长缓慢。播种前需深耕翻地，清除茶园杂草，带离茶园。平整地面，耙破碎土块，使土层疏松、透气。

3.播种方法

播种前将种子放入1克钼酸铵和1.5千克水中浸泡12小时，沥干种子，用细土、黄沙或基质土搅拌混匀，进行撒播。播种深度为1—2厘米，播种后，可用细土或基质土覆盖1厘米。三叶草的理论播种量为10克/平方米，每克种子含1400—2000粒种子，每平方厘米含1粒种子即可。但生产上播种量往往大过理论播种量，原因与种子发芽率、播种效果等有关。可根据土壤等实际情况，将每亩种子播种量控制在2—3千克。

4.生长管护

苗期三叶草需补充少量氮肥，利于壮苗。对于播种前的茶园土壤没有根瘤菌的情况，可适当增加根瘤菌的菌剂或菌肥，利于三叶草根系固氮。三叶草生长2年后的土层紧实、透气性差。在春秋两季返青前，进行耙地松土，增施追肥。三叶草病虫害较少发生，偶有褐斑病和白粉病，可通过及时收割三叶草去除病害，也可施用石硫合剂等药剂进行防治。三叶草茎叶可受蚧壳虫危害，可选用矿物油、阿维菌素等药剂进行防治。

种三叶草之前茶园杂草　　　　种三叶草之后的效果

图 3-15　2017 年草学家南志标院士到石阡县调研茶园三叶草

"以草控草"试验效果

第四节　茶园生态管理

　　重点利用昆虫行为调控机制，筛选多种植物种类，构建调控系统实现害虫控制和天敌保护，如茶园种植三叶草、万寿菊、夏至草、羽扇豆、紫花苜蓿等植物，富集天敌，形成稳定生物链，利用生物多样性控制害虫种群数量。

图 3-16 茶园种植三叶草、万寿菊、夏至草、羽扇豆、紫花苜蓿等植物，富集天敌，形成稳定生物链，利用生物多样性控制害虫种群数量

贵州省种茶历史悠久，生态环境优越，宜茶资源优势明显，是发展生态茶园的优势区域。然而过去在茶叶生产中普遍存在茶园过度开垦、水土流失、地理衰退、物种结构和食物链简单、系统协调能力低、生产成本增加等问题，造成低产、低质、低效茶园增加，生态茶园发展缓慢，成为制约茶叶绿色发展的瓶颈。因此，我们建议根据贵州不同地区茶园的具体条件，因地制宜地建设生态茶园示范点，而后进行推广，从而带动茶叶生态建设工作，促进茶叶绿色可持续稳步发展。根据调查研究，结合贵州实际，提出茶—林复合型、茶—果复合型、茶—（林）—菌复合型和茶—草（肥）复合型4 种生态茶园建设模式的设计方案，具体如下：

1. 茶—林复合型

在茶园行间或外侧适当套种高层（乔木型）速生丰产林和经济

林，形成多物种、多层次的复合立体结构。营造理想地域小气候，创造适合茶树生长的环境，满足茶树生态习性需求，提高土壤、太阳能和生物能的利用率，丰富生物多样性，增强生态系统稳定性和产出功能，保护生态环境，提高茶叶品质和提升整体效益。该类型适合建立在林分附近、山地内部的茶园，因地制宜，比如：凤冈茶园、湄潭茶园。

2. 茶—果复合型

在茶园间种植不同的果树，利用茶树、果树根系、树枝在空间分布上处于不同水平面高矮结合的特点，改善茶园的小气候环境，高效利用茶园的水、土、光、热、气，提高土地利用率、光能利用率。该类型适合建立在果园附近、当地有优势果品的茶园，比如：修文茶园。

3. 茶—（林）—菌复合型

按照共生互利原则，人为创造条件，通过茶—（林）—菌优化组合、立体栽培，产生多物种、多层次、多功能、多效益的高效、优质、持续稳定的复合种植模式。该类型适合建立在当地培育林下菌的茶园，比如：从江茶园、织金茶园。

4. 茶—草（肥）复合型

在茶园行间、梯壁种植草本或绿肥作物，也可对茶园行间地面利用秸秆等植物材料进行覆盖，形成茶—草（肥）双层结构。从而增加表土层覆盖度，改善土壤结构，充分利用茶园空间提高碳汇能力和肥力，减少水土流失，抑制杂草，节省成本，增加茶园多样性，改善小气候，进一步提高茶园土地利用率和产出效益。该类型适合需要进行草肥培育、以草抑制草的茶园，比如：种植三叶草、豆科植物作为肥料和除杂草的幼龄茶园。

茶树与桂花套作

茶树与樱花树套作

茶树与石榴树套作

茶树与杉树套作

图 3-17　针对贵州当地地理气候特点和茶园互补特点，开展茶树与桂花、樱花树、石榴树、杉树等套作技术

第五节　茶园冬季管理

贵州省茶园冬季管理技术分为茶树冬季封园技术和防"倒春寒"技术两部分。

一、茶树冬季封园技术

（一）土壤管理

10月下旬至11月上旬，开展深翻松土，深度控制在20厘米左右。通过翻土促进茶树根系生长发育和土壤透气，促进茶树生长，同时，铲除杂草。结合深耕措施，可施基肥。基肥的种类以有机肥为主，如粪肥等，配合施用少量磷肥、饼肥。基肥施用量一般占全年施肥量的30%。幼龄茶园一般每亩施用粪肥1000—1500千克或饼肥100千克，配施磷肥20千克；成年茶园为每亩施用农家肥2000—2500千克或饼肥200—250千克，外加磷肥50千克。施肥应沿行间开沟深施，施后覆土，防止肥料流失。选择茶园周边洁净土壤，对茶树基部进行培土，培土厚度10厘米。黏性土茶园培入砂质的红壤土，沙质土茶园培入黏性土；低产茶园和衰老茶园则应培入红、黄壤心土。

（二）茶园修剪

成年茶园采取轻修剪、深修剪及边缘修剪相结合的方法。为控制树高和培养树冠采摘面，每年要对已投产茶园进行一次轻修剪。一般剪去树冠面3—5厘米，达到树冠表面平整，茶树高度控制在50厘米左右。对已封行形成无行间通风道的茶园，为利于行间操作和促进通风，要进行边缘修剪，剪除行间交叉枝条，保持茶园行间20—30厘米。对于有较多细弱枝、鸡爪枝，产量下降明显的茶园，应进行深修剪，可将超出树冠面10—15厘米的枝条剪除，并将全部鸡爪枝剪掉，利于来年茶树发芽粗壮和整齐。

（三）病虫害防治

清除茶园杂草、枯枝病叶，带离茶园，减少茶园越冬病虫基数。可采用 45% 石硫合剂结晶 100—150 倍液，对茶丛上下部位、茶棚内外、叶片正面和背面进行均匀喷雾。

（四）防冻处理

幼龄茶园种植三叶草是提高土壤温度的有力措施。在寒潮来临之前，及时施肥培土。茶园行间增施牛粪、磷钾肥等肥料，利于提高土温。施肥后应及时培土，在茶树基部培入 10 厘米厚度的新土，以防外露的根系遭受冻害。茶树行间及根部铺盖稻草或秸秆等，提高土壤温度，保持土壤湿度。幼龄茶园可蓬面覆盖稻草、杂草或薄膜。茶园周边种植杉树等，可对冷空气进行缓冲，减缓冷空气对茶树的冲击。

二、由"倒春寒"引起的茶树病害的防治技术

（一）茶园生态系统构建

茶园周边种植杉树、松树等大型树种和格桑花、万寿菊等蜜源植物等，茶园中种植樱花、桂花等树种，可对冷空气进行缓冲，减缓冷空气对茶树的冲击。幼龄茶园种植三叶草，减轻土壤热量流失，提高土壤温度。

（二）土壤培肥培土

冬季封园施足基肥，基肥施用量一般占全年施肥量的 30%。幼龄茶园一般每亩施用粪肥 1000—1500 千克或饼肥 100 千克，配施磷肥 20 千克；成年茶园为每亩施用农家肥 2000—2500 千克或饼

肥 200—250 千克，外加磷肥 50 千克。施肥应沿行间开沟深施，施后覆土，防止肥料流失。选择茶园周边洁净土壤，对茶树基部进行培土，培土厚度 10 厘米，防止裸露根系遭受冻害。

（三）茶园修剪

冻害发生后，根据冻害程度，对嫩枝嫩叶进行修剪。

（四）抗逆修复

冻害发生前和发生后，可选择氨基寡糖素、碧护等抗逆植物调节剂，根据药剂推荐剂量进行叶面均匀喷施。

表 3-1 "欧标"茶病虫害防控产品应用指导名录（贵茶 2017）

分类	产品名称	剂型/参数	生产厂家	登记证号	防治对象	备注
杀虫剂	乙基多杀菌素	60克/升悬浮剂	美国陶氏益农公司	PD20120240	主防蓟马、茶小绿叶蝉；兼治茶小卷叶蛾、斜纹夜蛾等	生物制剂，安全间隔期为7天，每个生长季节使用不超过3次
	矿物油	95%乳	深圳瑞德丰生物科技有限公司	PD20096766	主防茶叶螨类兼治介壳虫、黑翅粉虱、蚜虫及部分病害	生物制剂，安全间隔期为3天，可周年使用，起预防作用，杀卵、杀菌，增效
	金龟子绿僵菌	80亿孢子/毫升可分散油悬浮剂	重庆聚立信生物工程有限公司	LS20160358	主防茶小绿叶蝉、鳞翅目害虫（茶毛虫、茶尺蠖等）	微生物制剂，改善茶园生态，维护茶园生态平衡

续表

分类	产品名称	剂型/参数	生产厂家	登记证号	防治对象	备注
杀菌剂	甘蓝夜蛾核型多角体病毒	10亿PIB/毫升	江西省新龙生物科技有限公司	LS20150174	茶尺蠖等鳞翅目幼虫	微生物制剂，获得欧盟2008/889标准有机认证
	氨基寡糖素	2%水剂	贵州贵大科技产业有限公司	PD20132683	茶白星病、赤星病等（预防为主，治疗作用不明显）	生物制剂，调节茶树生长发育，提高茶树的免疫功能和抗病性安全间隔期7天
	多抗霉素	0.3%水剂	陕西标正作物科学有限公司	PD20093117	主防茶饼病，兼治赤星病等	微生物制剂，安全间隔期7天，每季作物使用次数2次
生长调节剂	S-诱抗素水剂	0.1%水剂	四川国光农化股份有限公司	PD20130807	调节生长，提升茶树抗逆性。诱导茶树产生对不良生长环境（逆境）的抗性	如抗寒、抗旱、抗逆。生物制剂，S-诱抗素是所有绿色植物均含有的纯天然产物，对人畜无毒害、无刺激性，禁止与强酸性药肥混用
	腐植酸		四川国光农化股份有限公司		茶树遭病虫为害过度、修剪过度等恢复树体，促进生长	

表 3-2 "欧标"茶病虫害防控产品应用指导名录（贵茶 2017）

分类	产品名称	剂型/参数	生产厂家	登记证号	防治对象	备注
封园药剂	矿物油				11 月下旬之前完成，先进行冬季茶园树冠修剪，进而结合施肥深翻茶园行间土壤，将枯枝烂叶、杂草等病虫越冬场所深埋覆盖，进而使用矿物油 100—150 倍液喷雾，喷药时应对茶丛上下，叶片正反面，地面的杂草都要喷湿喷透。矿物油具有杀虫杀卵（封闭气孔）、杀菌（油膜隔离阻碍病菌孢子入侵与传播，预防病害）和增效作用		
物理防控产品	多功能房屋型害虫诱捕器	符合 Q/QL01-2015			功能：辅助作用，压低害虫基数，减少农药使用次数，从而降低农药残留。防治茶毛虫、茶尺蠖、茶细蛾、茶小卷叶蛾、茶毒蛾、茶小绿叶蝉、茶黑刺粉虱、茶蓟马等。使用方法：1.每亩 4—6 套；2.于害虫发生初期使用效果最佳，在贵州茶园适宜于 4 月中下旬安装，减少虫口基数，减轻后期防控压力；3.安装于高出茶树蓬面 5 厘米左右为宜。针对茶蓟马，可选择顶部与茶树蓬面平齐的位置安装		
	黄板	符合 GB/T24689.4-2009			功能：辅助作用，压低害虫基数，减少农药使用次数，从而降低农药残留。可诱杀茶小绿叶蝉、黑刺粉虱、蚜虫、蓟马等。使用方法：于茶小绿叶蝉发生初期使用效果最佳，在贵州适宜于 3 月下旬安装。每亩 15—20 张，悬挂在黄板底端距茶树蓬面 5—10 厘米的位置，6—7 月更换一次		
	蓝板	符合 GB/T24689.4-2009			功能：辅助作用，压低害虫基数，减少农药使用次数，从而降低农药残留。可诱杀茶棍蓟马、粉虱、茶小绿叶蝉等。使用方法：于茶蓟马发生初期使用效果最佳，在贵州适宜于 3 月下旬安装。每亩 15—20 张，悬挂在黄板底端距茶树蓬面 5—10 厘米的位置，6—7 月更换一次		
	杀虫灯	符合 GB/T 24689.2-2009			功能：辅助作用，诱杀成虫，降低害虫产卵量，从而减少农药使用次数，降低农药残留。每盏等控 30—50 亩左右。使用方法：安装在茶园路旁，尽量远离林区		

续表

分类	产品名称	剂型/参数	生产厂家	登记证号	防治对象	备注
生物调控	信息素类			辅助作用，只针对目标害虫，防治对象专一、安全无残留。目前商品化有茶毛虫、茶尺蠖、小绿叶蝉、黑刺粉丝等性信息素		
	天敌生物	异色瓢虫、捕食螨、赤眼蜂等		辅助作用，改善茶园生态，调节生态平衡，安全、无残留		
高效施药器械	电动静电喷雾器	主要参数：药箱容量：16升；一次充满电后连续工作时间7—8小时；静电吸附比例：正反面吸附比例100/30以上；雾滴直径：70—120微米；喷雾流量：16升水单喷头能喷90分钟以上；省水省工节药，比常规喷雾器省水1/3—2/3，节约农药40%以上				

第一节　茶园土壤管理

一、茶园耕作

耕作是改善土壤肥力水平最重要的技术措施之一。茶园耕作有许多作用：如疏松土壤，改善水、肥、气、热条件；促进土壤风化，提高供肥能力；清除杂草，减少病虫害；促进根系更新等。但耕作不当，也会给茶园带来一些负面影响，如损伤茶树根系、破坏土壤结构等。所以，要因树、因地制宜进行合理耕作，才能取得预期的效果。按深浅程度不同，可以将茶园耕作分为浅耕、中耕和深耕。

（一）浅耕除草

浅耕深度不宜过深，一般 10 厘米以内。浅耕时间：一般每茶季结束后，结合追肥进行浅耕，保证茶园表土疏松，无杂草。

（二）中耕除草施肥

中耕深度不宜过深，一般为 10—15 厘米。中耕时间：一般在春季茶芽萌发前进行，可防春季杂草，减少表土水分含量，以利表土吸收太阳辐射，提高土温，促进茶芽提早萌发。

（三）深耕改土

深耕可改善土壤的物理性质，减轻土壤容重，增加土壤孔隙度，提高土壤蓄水量，加深和熟化耕作层，加速下层土壤风化分解，将水不溶性养分转化为可溶性养分。茶园行间深耕要因地因园制宜。幼龄茶园，种植前已全面深耕的茶园，可不必年年深耕；种植前只进行局部深耕的，必须及早在行间未进行深耕的地方深耕，深度不得少于50厘米，宽度以不伤根为限。

成龄采摘茶园，根系已密布行间，在生产上可将深耕与施用基肥相结合，很少单独进行深耕。在深耕时，丛间、行间要深，20—30厘米，丛下要浅，为10—15厘米，宽度以40厘米左右为宜，不要太靠近茶树根颈部位。

衰老改造的老茶园，地上部台刈改造的同时，土壤深耕50厘米，并及时施肥。

深耕时间：应选择在全年茶季结束时进行，此时进行深耕对茶树断根的再生恢复有利。

二、茶园间作

幼龄茶园前两年可在行间合理间作1—2行绿肥作物或其他适宜的矮秆、短蔓农作物，如三叶草、茶肥1号、黄豆、绿豆、蚕豆、马铃薯、萝卜、油菜等。研究表明，茶园中种植白三叶草（详见第三章）能够起到有效抑制杂草、抵抗茶树病虫害的效果。

（一）茶园紫苏种植技术

紫苏是唇形科、紫苏属一年生草本植物，花期8—11月，果期8—12月。适应性强，对土壤要求不严，在排水较好的砂质壤土、壤土、黏土上均能良好生长，适宜土壤pH值6.0—6.5。较耐高温，生长适宜温度为25℃。可供药用和香料用。

紫苏是显花植物，可保护天敌、诱集害虫，在茶园绿色防控中也能起到不小的作用。紫苏开花后既会诱集茶园中叶甲类的害虫，也会吸引茶园害虫天敌小花蝽，吸引到紫苏上的害虫就会被小花蝽吃掉，减轻茶园的害虫危害。

图4-1　紫苏

1. 种子处理

选购质量上乘，颗粒饱满的紫苏种子；种植之前将种子放在温水中浸泡12小时；提前整地、除草、施肥、浇水，种植深度控制在2厘米左右即可。

2.播种方式

选地整地：紫苏对环境的适应能力较强，对土地质量无特殊要求，只要能够很好地进行排水，阳光充足即可。在整地时可以适当地将土地铲平，然后做垄起沟，有利于排水。

播种方式：紫苏多数以种子播种的方式进行繁殖。紫苏种子可以春播也可以秋播，春天可以在3—6月播种，秋天可以在8—10月播种，这两个时间段播种的紫苏种子发芽率最高，长得最好。在我国南方，可选择3月在低洼之处用种子条播，按照行距60厘米开沟，沟深在2—3厘米之间。将种子均匀播撒在沟渠内，播种之后深翻土。若为穴播，行距维持在45厘米，按照株距25—30厘米进行穴播。播种之后立即浇水，保持土壤湿润。茶园每亩播种量约需要紫苏种子3千克。

图4-2　紫苏种子

3. 田间管理

紫苏播种最好选在下雨后或者快下雨时，若播种后长时间不下雨，则需要进行人工灌溉。如果连续下雨几天以上则需要注意排水，太湿润的环境不适合紫苏生长。紫苏的生长期比较短（80—90天），一般在刚播种时集中施肥一次，当紫苏生长至15—20厘米高时进行第二次根部施肥。

图4-3　茶园行间种植的紫苏

（二）茶园生态绿肥——鼠茅草种植技术

鼠茅草是一种生态适应性较强的草本植物，耐严寒，不耐高温，冬季能安全越冬，夏季成熟死亡。由于其具有"以草抑草"的作用，且不需要二次刈割而受广大茶农喜爱。在果园和北方茶园已经成为一种适宜推广的草种。

1. 鼠茅草生长周期

9—10 月是鼠茅草的适宜播种期，播种 10—20 天后出苗，越冬后 2—3 月返青，4—5 月拔节孕穗，6 月灌浆，7—8 月成熟后倒伏在地面，随着温度升高，鼠茅草逐渐枯死。

鼠茅草根系　　　　　　　　　鼠茅草地上部

出苗　　　　　　　　　　　生长

倒伏　　　　　　　　　枯死

图 4-4　鼠茅草生长周期

2. 鼠茅草形态特征

鼠茅草主根较弱，茎基部形成大量不定根，形成发达的须根系，入土较浅，一般只有 20—30 厘米，大部分根系分布在 0—20 厘米的土层中。鼠茅草地上部为丛生的线状针叶，叶长为 50—70 厘米。直立性弱，长到一定高度后自然倒伏生长。

3. 茶园间作鼠茅草的效果

（1）增产提质作用明显

茶园中间作鼠茅草后，通过鼠茅草对土壤的覆盖作用，可使早春季节茶园土壤温湿度得到提高，促进茶树新梢提早萌发，使其发芽密度、百芽质量、芽叶中氨基酸等生化成分的含量不同程度提高。研究表明，茶园种植鼠茅草后，可以增产 5.3%—15.7%（平均

9.3%），新梢中游离氨基酸总量可以提高 0.4 个百分点，酚氨比下降 0.6。此外，茶园种植鼠茅草在夏秋季节还可有效降低土壤温度，有效防止坡地土壤流失。

（2）抑制杂草生长，降低人工除草成本

鼠茅草的生长可有效抑制杂草的生长，达到以草除草的目的，减少茶园人工除草次数，可有效节省茶园管理人工成本。实践表明，不种鼠茅草的茶园，每年至少需要人工锄草 3—4 次。种植鼠茅草后，每年只需要轻微锄草 1—2 次。

（3）自然倒伏，不需人工刈割

鼠茅草直立性差，长到一定高度后会自然倒伏，不与茶树争光，也不需要人工二次刈割，其生长期内不会影响茶树正常生长。

（4）与茶树争夺养分少

鼠茅草的生长期与茶树生长期只有部分重叠，鼠茅草在深秋开始萌发，早春生长早而快，此时茶叶新梢尚未萌动。进入夏季后随着气温的升高，鼠茅草逐渐枯死，不再吸收养分，腐烂后给茶树提供养分；鼠茅草的根系浅与茶树相对深的根系分布在不同土层，正好错开了各自对养分的需求。

（5）提高土壤有机质含量，改善土壤质量

鼠茅草属于密生型绿肥，地下根系量大，枯死后在高温高湿作用下会逐渐腐烂，为茶树提供养分，有效提高土壤有机质含量。而且鼠茅草的完全腐烂时间（689 天）要显著长于花生秸秆（324 天）和大豆（276 天），因而其改土效果更优。

（6）一次播种，多年有效

鼠茅草经过一次种植，成熟后的草籽落入土壤后第二年会自然萌发。根据第二年出苗情况进行少量复播即可，一般一次种植能循环生长4—5年，节本增效效果明显。

4.不足之处

鼠茅草种子细小，收集难度较大，收集的种子往往纯度较低，导致播种后发芽率较低。另外，鼠茅草种子价格也较高，市场上假冒种子较多。

5.种植要点

播种时间：在9—10月茶园追施基肥时播种鼠茅草，有利于出苗。

播种量：每公顷茶园播种15—30千克鼠茅草籽为好。

播种方法：播种前利用施基肥或单独耕作先对茶园行间地面进行清理，将杂草清除干净，并采用耕作机械翻耕5—10厘米深，整平行间地面。播种时将鼠茅草种子与细土或细沙按1∶（5—10）的比例拌匀，再均匀撒播于茶行间，播种后覆盖1—2厘米薄土。

播种后的管理：播种后如遇长时间干旱，需要适当灌溉，有助于提高草籽发芽率。鼠茅草需要适当施用氮肥，促进其正常生长。在鼠茅草结束返青期进入拔节期时，宜结合茶园春季施催芽肥，每公顷追施氮肥（以纯N计）120—180千克。

（三）茶园绿肥——茶肥1号种植技术

茶肥1号是湖南省茶叶研究所从野生茳茫决明中选育出的适宜茶园种植的绿肥新品种，该品种具有产青量大、含氮量高、再生能力强、适应性广等特性。改土、培肥、保墒、控草效果明显，在湖南、贵州、福建等13省（市）推广了近20万亩，效益显著。

图 4-5　茶肥 1 号

1. 生物学特征

（1）产青量

茶肥1号生长势强，据测定，茶园示范试验种植，成熟时植株平均高度达 2.24 米；幼龄茶园间作，其产青量达 5 吨 / 亩；绿肥基地种植，其产青量达 15 吨 / 亩。

（2）养分含量

茶肥1号植株全氮含量最高可达 4 %，全磷含量 0.3 % 左右，全钾含量 1 % 以上；根、茎、叶中以叶片氮含量最高，其中叶片中氮含量高达 5.26 %。按全国有机肥料品质要素分级标准评价，茶肥1号达到全国有机肥品质一级标准。

（3）再生能力

茶肥1号再生能力强，在湖南长沙全生育期200—220天，在4月中下旬播种，11月中旬成熟，7—9月生长最快，一年可刈割3次以上，割青后仍可开花结果。

（4）抗逆性

茶肥1号抗旱性强，据观察，其在连续50多天高温天气下仍可保持旺盛生长势。另外，茶肥1号在砂、壤、粘、酸等土壤上都能生长，适应性强。

2. 栽培要点

（1）适时播种

茶肥1号全年生育期为200—220天，种子在气温15℃发芽好，在长江中下游地区以4月中下旬播种为宜，播种太早，气温低，发芽迟，生长慢，倒春寒易使小苗受冻；播种过迟，到夏季高温季节植株还不够高，不能达到茶树遮阴防旱的目的，且茶肥1号生育期相对较长，播种太迟会影响其后期收种、晒种。

（2）合理种植

可采用条播、穴播，以穴播为宜。条播行距50—60厘米，开沟深度为10—15厘米；穴播行距（50—60厘米）×株距（50—60厘米），每穴3—4粒。沟底或穴底施入基肥，然后在肥料上铺5—7厘米厚的细土。播种深度3—5厘米，播种后及时覆一层薄土，不宜厚盖，以不见种子为宜。

（3）种子处理

晒种：播种前宜将种子在阳光下晾晒1—2天。

擦种：种子种皮表面有一层致密的蜡质层，宜进行擦种。擦种采用种子破壳机，以擦破种皮为宜。

通过专用种子破壳机处理后，发芽率由大田条件下的 20% 提高到 85% 以上，种子发芽持续时间由 7—28 天缩短至 3—5 天。茶园间种用种量由 2500 克 / 亩降到 500—750 克 / 亩，且种子发芽一致性好。

（4）施足底肥，适时追肥

茶肥 1 号对磷肥反应敏感，施少量磷肥能获得较好的增产提质效果，因此施用以磷肥为主的基肥为佳。通过对不同时期的分期播种研究发现，茶肥 1 号在 8 叶期处于蹲苗期，表现为生长速率放缓，出叶速率较第 7 叶明显变缓，叶片泛黄，此后展叶速率、植株生长速率迅速增加，此时，适时追施尿素 2—3 千克 / 亩，能有效促进生长。

（5）无碍化种植，适时割青

据研究，茶肥 1 号在幼龄茶园采用无碍化种植模式较好，即根据幼龄茶园特性，采用种一行（茶行），空一行（茶行）的无碍化间种模式，其中所空的一行能为采茶、喷施农药或叶面肥等提供方便。无碍化种植技术，除隔行种植以外，还包括绿肥播种时间与茶园施春肥时间相协调（先施肥、再播种），结合施用春肥进行播种（4 月中下旬），适时割青。在旱季来临时绿肥第一次割青时（7 月中下旬）不与茶园争水、争光，割青后茶园行间覆盖，减少茶园土壤水分蒸发，保持茶园土壤含水量，割青最佳高度为离地 20 厘米（留茬高度过低，影响再生植株萌发和生长；留茬高度过高，影响产青量），再生植株分枝数目较多、树冠幅度较大，产青量高；第二次割青最佳高度为离第一次茬口 10 厘米处，可获得较高的产青量；第三次割青结合茶园基肥施用对绿肥进行翻埋，实现割青与施肥有机结合。茶肥 1 号采用无碍化种植，适时割青，不仅解决了其与茶树的生长矛盾，又能获得较高的产量以及明显的抗旱保墒效果。

图 4-6　茶肥 1 号割青

三、茶园覆盖

一般选择铺草的方式。茶园铺草有许多优点，可以改良土壤结构，减少土壤水分蒸发，增强土壤保水蓄水能力，增进土壤肥力，防止土壤冲刷，抑制杂草生长等。因此，推行茶园铺草覆盖，是实现茶园优质高产无公害的一项不可忽视的重要措施。

（一）草料来源及处理

用做茶园土壤覆盖的有机物料很多，如稻草、绿肥、麦秆、山草、豆秸等，最好以山草等为主。因它属自然生长的天然物，不受农药、化肥等化学物质的污染。但山草往往带有许多病菌、害虫及草种等，如不加以适当处理，会把这些东西带入茶园，增加茶树的病、虫、草害，因此，要做必要的处理。山草处理方法：一是暴晒。利用阳光中的紫外线杀死病菌，一些害虫也因暴晒而自然死亡；二是堆腐。将山草与 EM 菌液或自制的发酵粉等堆腐，一层山草喷洒一层菌液，使其发酵，利用堆腐时的高温把病菌、害虫及草种杀死；三是石灰水消毒。喷洒 5% 的石灰水堆放一段时间再把草料搬到茶园。

（二）铺草覆盖量

铺草要有一定的厚度，一般要求 5—8 厘米，以铺草后不露土为宜。覆盖物数量应根据茶树行间裸露面积而定。生草覆盖每亩盖 2000—3000 千克，干草覆盖每亩盖 500—800 千克。

（三）铺草时间和方法

茶园铺草全年均可进行。幼龄茶树行间覆盖，在茶树移栽后，为防止水土流失，应立即进行秸秆覆盖，同时进行生草栽培。茶树生长季节的 7—9 月容易产生干旱，在 6 月下旬旱季来临之前就应做好行间覆盖。高山茶区茶树容易发生冻害，在 10 月中旬以前覆盖，可有效避免茶树遭受冻害。

　　肥料是茶树的食粮，也是茶叶优质、高产、高效益的物质基础。无论是一般的茶园还是无公害或有机茶园，都必须按茶树营养规律进行营养管理。

一、施肥原则

（一）重施有机肥

　　有机肥富含有机质，营养较为全面，且肥效较持久，有利于茶树生长，促进茶叶产量和品质的提升。另外，有机肥还可有效改良茶园土壤理化性质，增强茶园土壤缓冲和吸附能力，有效减少土壤养分流失，加快茶树根系的生长发育和养分的吸收等。

（二）重施基肥

　　基肥是指茶芽生育处于相对休止期前后施用的肥料，此时茶树地上部虽然处于相对休止状态，但其根系并没有休止，仍在吸收营养元素。这些被吸收的养分大多贮藏在根系中，是来年春梢生长的物质基础。基肥种类可以单施有机肥，无公害茶园和 A 级绿色食品茶园还可有机肥和速效性化肥混合施，并配合施入适量的磷、钾肥。

（三）营养元素平衡

　　氮肥对增加茶叶产量的效果最为明显。尤其采摘茶园，重施氮肥格外重要。但需要注意的是，茶园长期大量单一施用氮肥，很容易使茶园土壤理化性质变坏，使土壤团粒结构遭破坏，并使茶园土壤中营养元素间的平衡关系失调，土壤肥力下降。同时，使氮的流失率更高，氮肥的增产效应也受到抑制。因此，茶园施肥时应以氮肥为主，合理配施磷、钾肥，有条件的地区还应及时补充土壤中缺乏的其他微量元素，做到营养元素的平衡。

二、施肥关键

茶园施肥的关键是："早施有机肥，配施速效肥，重施催芽肥，巧施根外肥。"做到"一深、二早、三多、四平衡、五配套"。

（一）一深

肥料要适当深施，以促进根系向土壤纵深方向发展。茶树种植前，底肥的深度至少要求在30厘米以上；基肥应达到20厘米左右；追肥也要施5—10厘米深，切忌撒施，否则遇大雨时会导致肥料冲失，遇干旱时造成大量的氮素挥发而损失，而会诱导茶树根系集中在表层土壤，从而降低茶树抵抗旱、寒等自然灾害的能力。

（二）二早

一是基肥要早，长江中下游茶区要求基肥最好在9月上旬—10月下旬施下。二是催芽肥要早，以提高肥料对春茶的贡献率。一般要求比名优茶开采期早30—40天左右，如长江中下游茶区应在2月份施下。

（三）三多

肥料的品种要多，不仅要施氮肥，而且要施磷、钾肥和镁、硫、铜、锌等中微量元素肥以及有机肥等。肥料的用量要适当多，每产100千克大宗茶，亩施纯氮12—15千克，如茶叶产量以幼嫩芽叶为原料的名优茶计，则施肥量需提高1—2倍。但是，化学氮肥每亩每次施用量（纯氮计）不要超过15千克，年最高用量不得超过60千克。施肥的次数也要多，要求做到"一基三追十次喷"，春茶产量高的茶园，可在春茶期间增施一次追肥。

（四）四平衡

有机肥和无机肥要平衡。要求基肥以有机肥为主，追肥以无机肥为主。氮肥与磷钾肥，大量元素与中微量元素要平衡。成龄采摘茶园要求氮磷钾的比例为（2—4）∶1∶1。基肥和追肥平衡。一般要求基肥占总施肥量的40%左右，追肥占60%左右。根部施肥与叶面施肥平衡。在根部施肥的基础上配合叶面施肥，才能全面发挥施肥的效果。

（五）五配套

茶园施肥要与其他技术配合进行，以充分发挥施肥的效果。施肥与土壤测试相配套，测土配方施肥。一般要求每两年对茶园土壤肥力水平和重金属元素含量等进行一次监测，以了解茶园土壤肥力水平的变化趋势，有针对性地调整施肥技术。施肥与茶树品种相配套。不同品种对养分的要求有明显的"个性特点"，根据其需肥特性施肥。施肥与天气、肥料品种相配套。避开天气持续干旱和雨水过多或暴雨前施肥。施肥与土壤耕作、茶树采剪相配套。如施基肥与深耕改土相配套，施追肥与除草结合进行，节本增效；幼龄茶园和重修剪、苔刈改造茶园应多施磷、钾肥等。施肥与病虫防治相配套。一方面，茶树肥水不足，易导致病虫危害，应注意及时防治；另一方面，对于病虫危害严重的茶园，特别是病害较重的茶园应适当多施钾肥，并与其他养分平衡协调，有利于降低病害的侵染率，增强茶树抵抗病虫害的能力。

三、施肥技术

（一）幼龄茶园施肥

在生产季节每一两个月施一次速效肥。1—2年生茶树兑水浇施。农家有机肥应充分腐熟后开深10—12厘米的浅穴（或沟）施，施后盖土保肥。

对于幼龄茶园的追肥用量，一般按树龄来确定，1年生茶苗因苗小幼嫩，在旱季可追施稀薄的农家肥。2—3年生茶树一年追肥2次，第1次于春茶前，第二次于春茶后，按6：4分配施用。施肥量如表4-1所示。

表4-1　幼龄茶园每亩年施纯氮量

树龄（龄期）	单行条植（千克）	双行条植（千克）
1—2	2—3	3—5
3—4	3—6	5—8
5—6	6—9	8—12

注：氮磷钾肥年用量按3：1：1或3：1：1.5确定。

（二）成龄茶园施肥

基肥每年或隔年施一次，于春茶结束后或秋茶结束后尽快施入，基肥用量按新建茶园的底肥标准，或略少于新建茶园的底肥用量，按纯氮计算，不得少于全年用量的30％。基肥施用应结合深耕，开沟深25—30厘米，宽20—30厘米，施后覆土平沟，这样有利于把茶树吸收根引向土壤深处，提高逆境下的生存能力，有利于茶树安全越冬。同时，混施厩肥，饼肥和复合肥，保证茶树需要的速效养分和逐步分解的养分，并可以改良土壤理化性质，提高土壤保肥能力。

追肥每年分别于2月下旬至3月上旬、5月上旬、7月中下旬施用，以速效氮肥为主。如茶园专用复合肥、尿素、硫酸铵、碳酸氢铵、过磷酸钙、硫酸钾等。3次追肥量的比例为4∶3∶3。早春追施催芽肥，在时间上应做到宜早不宜迟，一般春肥在春茶开采前30—40天施下，即春梢鳞片萌动时最适宜。春耕深度要适中，深了会伤根，浅了又不利于提高地温，一般深为10—12厘米。

以产定肥，一般每采摘100千克鲜叶需施入纯氮4—5千克，过磷酸钙或钙镁磷肥7—8千克，磷酸钾2—2.5千克。也可以采用测土配方施肥，定期测定土壤中各种肥料要素含量，当某种元素含量过低时，就应适当补充该种元素。

（三）茶树根外营养

微量元素类：0.05％硫酸锌、0.01％—0.05％硫酸镁等。时间应选择阴天或晴天的早晚，施后8—10小时内无降雨。

四、茶树有机肥替代化肥技术模式

农业农村部种植业管理司、全国农业技术推广服务中心、农业农村部科学施肥专家指导组于 2019 年 9 月编制发布了《2019 年果蔬茶有机肥替代化肥技术指导意见》，该指导意见针对国内名优绿茶茶园、大宗绿茶（黑茶）茶园、乌龙茶茶园、红茶茶园提出了"有机肥＋配方肥""茶—沼—畜""有机肥＋水肥一体化"三种有机肥替代化肥的技术模式，可供广大茶叶生产管理者参考，具体方案如下。

（一）"有机肥＋配方肥"模式

1. 名优绿茶茶园

基肥：9 月底至 10 月中旬，100 千克 / 亩腐熟饼肥或 150—200 千克商品畜禽粪有机肥、30—50 千克 / 亩茶树专用肥（$N-P_2O_5-K_2O=18-8-12$ 或相近配方），有机肥和专用肥拌匀后开沟 15—20 厘米或结合深耕施用。

第一次追肥：尿素 8—10 千克 / 亩，白、黄叶突变体品种（如白叶一号、黄金芽等）茶园尿素 4—5 千克 / 亩，春茶开采前 40—50 天，开浅沟 5—10 厘米施用，或表面撒施＋施后浅旋耕（5—8 厘米）混匀。

第二次追肥：春茶结束重修剪前或 6 月下旬，尿素 8—10 千克 / 亩开浅沟 5—10 厘米施用，或表面撒施＋施后浅旋耕（5—8 厘米）混匀。

2. 大宗绿茶、黑茶茶园

基肥：9 月底至 10 月中旬，200—300 千克 / 亩商品畜禽粪有机肥、30—50 千克 / 亩茶树专用肥（$N-P_2O_5-K_2O=18-8-12$ 或相近配方），有机肥和专用肥拌匀后开沟 15—20 厘米或结合深耕施用。

第一次追肥：春茶开采前 30—40 天，尿素 8—10 千克 / 亩，开浅沟 5—10 厘米施用，或表面撒施 + 施后浅旋耕（5—8 厘米）混匀。

第二次追肥：春茶结束后，尿素 8—10 千克 / 亩开浅沟 5—10 厘米施用，或表面撒施 + 施后浅旋耕（5—8 厘米）混匀。

第三次追肥：夏茶结束后，尿素 8—10 千克 / 亩开浅沟 5—10 厘米施用，或表面撒施 + 施后浅旋耕（5—8 厘米）混匀。

高产茶园或生产季节较长地区，在第二次追肥中配施 20—30 千克 / 亩茶树专用肥，并根据茶树生长情况在 8 月中下旬进行第四次追肥，尿素 8—10 千克 / 亩开浅沟 5—10 厘米施用，或表面撒施 + 施后浅旋耕（5—8 厘米）混匀。

3. 乌龙茶茶园

基肥：10 月中下旬，100—200 千克 / 亩腐熟饼肥或 200—300 千克商品畜禽粪有机肥、30 千克 / 亩茶树专用肥（$N-P_2O_5-K_2O=18-8-12$ 或相近配方），有机肥和专用肥拌匀后开沟 15—20 厘米或结合深耕施用。

第一次追肥：春茶开采前 20—30 天，尿素 8—10 千克 / 亩，开浅沟 5—10 厘米施用，或表面撒施 + 施后浅旋耕（5—8 厘米）混匀。

第二次追肥：春茶结束后，尿素 8—10 千克 / 亩开浅沟 5—10 厘米施用，或表面撒施 + 施后浅旋耕（5—8 厘米）混匀。

第三次追肥：夏茶结束后，尿素 8—10 千克 / 亩开浅沟 5—10 厘米施用，或表面撒施 + 施后浅旋耕（5—8 厘米）混匀。

只采春茶的乌龙茶茶园，在茶树重修剪恢复生长（约 6—7 月）进行第二次追肥，不再进行第三次追肥。

4.红茶茶园

基肥：10月中下旬，100—150千克/亩腐熟饼肥或150—200千克商品畜禽粪有机肥、30千克/亩茶树专用肥（N–P$_2$O$_5$–K$_2$O=18-8-12或相近配方），有机肥和专用肥拌匀后开沟15—20厘米或结合深耕施用。

第一次追肥：春茶开采前30—40天，尿素6—8千克/亩；开浅沟5—10厘米施用，或表面撒施+施后浅旋耕（5—8厘米）混匀。

第二次追肥：春茶结束后，尿素6—8千克/亩开浅沟5—10厘米施用，或表面撒施+施后浅旋耕（5—8厘米）混匀。

第三次追肥：夏茶结束后，尿素6—8千克/亩开浅沟5—10厘米施用，或表面撒施+施后浅旋耕（5—8厘米）混匀。

（二）"茶—沼—畜"模式

1.名优绿茶茶园

基肥：9月底至10月中旬，100—150千克/亩腐熟饼肥或150—200千克商品畜禽粪有机肥，或1000—2000千克沼渣，开沟15—20厘米或结合深耕施用。

沼液追肥：共浇4次，每次沼液400—500千克/亩（按沼：水=1：1稀释）、掺入尿素4—5千克/亩，浇入茶树根部，分别为春茶采前30—40天、开采前、春茶结束、6月底或7月初。

白、黄叶突变体品种（如白叶一号、黄金芽等）茶园，春茶前和开采前二次施肥掺入尿素2—3千克/亩，其余同前。

2.大宗绿茶、黑茶茶园

基肥：9月底至10月中旬，200—300千克/亩商品畜禽粪有机肥或 2000—3000 千克沼渣、20—30 千克/亩茶树专用肥（N-P_2O_5-K_2O=18-8-12 或相近配方），拌匀后开沟 15—20 厘米或结合深耕施用。

沼液追肥：共浇6次，每次沼液400—500千克/亩（按沼：水=1：1稀释）、掺入尿素4—5千克/亩，浇入茶树根部，分别为春茶采前1个月、开采前、春茶结束、6月初、7月初和8月初。

3. 乌龙茶茶园

基肥：10月中下旬，100—200 千克/亩腐熟饼肥或200—300千克商品畜禽粪有机肥或1000—2000千克沼渣，开沟15—20厘米或结合深耕施用。

沼液追肥：共浇 6 次，每次沼液 400—500 千克/亩（按沼：水 =1：1 稀释）、掺入尿素 4—5 千克/亩，浇入茶树根部，分别为春茶采前 30 天、开采前、春茶结束、7 月初、8 月初和 9 月初。只采春茶乌龙茶茶园可省略 7 月初和 9 月初的施肥。

4. 红茶茶园

基肥：10月中下旬，100—150 千克/亩腐熟饼肥或150—200千克商品畜禽粪有机肥或1000—2000千克沼渣，开沟15—20厘米或结合深耕施用。

沼液追肥：共浇6次，每次沼液400—500千克/亩（按沼：水=1：1稀释）、掺入尿素3—4千克/亩，浇入茶树根部，分别为春茶采前30天、开采前、春茶结束、7月初、8月初和9月初。

（三）"有机肥 + 水肥一体化"模式

1. 名优绿茶茶园

基肥：9 月底至 10 月中旬，100—150 千克 / 亩腐熟饼肥或 150—200 千克商品畜禽粪有机肥，开沟 15—20 厘米或结合深耕施用。

水肥一体化追肥：分 5—6 次，每次水溶性肥料按氮磷钾用量 1.5、0.3、0.4 千克 / 亩，分别为春茶采前 30—40 天、开采前、春茶结束、6 月初、7 月初和 8 月初施用。

2. 大宗绿茶、黑茶茶园

基肥：9 月底至 10 月中旬，200—300 千克 / 亩商品畜禽粪有机肥，开沟 15—20 厘米或结合深耕施用。

水肥一体化追肥：分 5—6 次，每次水溶性肥料按氮磷钾用量 2.3、0.5、0.7 千克 / 亩，分别为春茶采前 1 个月、开采前、春茶结束、7 月初、8 月初和 9 月初。

3. 乌龙茶茶园

基肥：10 月中下旬，100—200 千克 / 亩腐熟饼肥或 200—300 千克商品畜禽粪有机肥，开沟 15—20 厘米或结合深耕施用。

水肥一体化追肥：分 5—6 次，每次水溶性肥料按氮磷钾用量 2.0、0.3、0.4 千克 / 亩，分别为春茶采前 30 天、开采前、春茶结束、7 月初、8 月初和 9 月初。

4. 红茶茶园

基肥：10 月中下旬，100—150 千克 / 亩腐熟饼肥或 150—200 千克商品畜禽粪有机肥，开沟 15—20 厘米或结合深耕施用。

水肥一体化追肥：分 5—6 次，每次水溶性肥料按氮磷钾用量 1.5 千克 / 亩、0.3 千克 / 亩、0.4 千克 / 亩，分别为春茶采前 1 个月、开采前、春茶结束、7 月初、8 月初和 9 月初。

第三节 茶园水分管理

水分的存在及其代谢对茶树的生命活动是至关重要的。据研究，茶树生长适宜的环境水分指标是：土壤含水量为 60%—90%，空气相对湿度为 70%—90%。

一、茶园保水

雨季注意给水池蓄水，供旱期使用。改善耕锄、覆盖、造林工作，增强茶园土壤涵养水分的能力。主要从以下两个方面入手：

（一）扩大土壤蓄水能力

建园应选择相宜的土类，并注意有效土层的厚度和坡度等。深耕改土，增施有机肥，加深有效土层厚度和改良土壤质地。坡地茶园在上方和园内加截水横沟，并做成竹节沟形式，能有效地拦截地面径流，使雨水蓄积于沟内，再慢慢渗入土壤中，这是有效的茶园蓄水方式。同样，梯级茶园内侧也要求开设竹节沟。

图4-7　坡地茶园截水横沟

山坡坡段较长时，适当加设蓄水池，对提高茶园蓄水能力也有一定作用。选择园区低洼地段开挖蓄水池，起到多雨能蓄、涝时能排、缺水能灌的作用，这对改善园区生态环境有显著作用。按平均1公顷布设容积5—10立方米的蓄水池的要求设计。

此外，在茶园路边、田边、地角植树造林，扩大园区树木覆盖率，增加绿化也是加强水源涵养的主要技术措施之一。植被素有"绿色水库"之称，具有涵养水源、调节气候的功效，保护植被是促进自然界水分良性循环的重要途径。在茶园周围多植树木还具有缩小环境温差，使气候变化趋向和缓，增加空气湿度的作用，十分有利于茶树生长和提高茶叶品质，这是改善生态条件、涵养水源的有效方法。森林树木还具有削洪抗旱功能和净化水质等作用。

图 4-8 茶园蓄水池

（二）降低土壤水分的散失

1. 地面覆盖。地面覆盖是控制土壤水分散失效果最好的措施，最常用的方法是铺草。这是我国许多茶区的一项传统栽培经验，其保水效果十分显著，尤其在夏季能大幅度提高保水效果。

2. 合理布置种植行。茶园的水土流失一般是丛式大于条列式，单条植大于双条或多条植，稀植大于密植；顺坡种植茶行大于横坡种植的茶行；尤其是幼龄茶园和行距过宽、地面裸露度大的成龄茶园流失严重。

3. 合理间作，虽然茶园间作物本身要消耗一部分土壤水，但相对于裸露地面，仍可不同程度地减少水土流失，坡度越大作用越显著。

4.及时中耕除草，既可免除杂草对水分的消耗，又可有效地减少土壤水的直接蒸散，但中耕必须合理，如不宜在旱象严重、土壤水分很少的情况下进行，否则往往因锄挖时带动根系而影响吸水，加重植株缺水现象，这在幼龄茶园尤需注意。最好掌握在雨后土壤湿润且表土宜耕的情况下进行。

5.在茶园附近，尤其是坡地茶园的上方适当营造行道树、水土保持林或园内栽遮阴树，不仅能涵养水源，而且能有效地增加空气湿度，降低风速和减少日光直射时间，从而减弱地面蒸发。

6.合理运用其他管理措施。例如适当修剪一部分枝叶以减少茶树蒸腾水。通过定型和整形修剪迅速扩大茶树本身对地面的覆盖度，不仅能减少杂草和地面蒸散耗水，而且能有效地阻止地面径流。施用农家有机肥能有效改善茶园土壤结构性，从而提高土壤的保蓄水能力。

二、茶园灌溉

（一）灌溉的经验指标

幼龄茶园在夏秋干旱时持续 5—7 天时应进行灌溉。产量较高的茶园夏秋干旱时亦应进行灌溉。

（二）灌溉的方式

茶园灌溉的方式有四种，即浇灌、流灌、喷灌和滴灌，其中喷灌最理想，无喷灌条件时，可进行流灌。

三、茶园排水

土地不平整的茶园或山间稻田改建茶园易发生对茶树的湿害。坡脚茶园，一般说来，山坡下段土层肥厚，宜茶生长，但有时也有坡下段的茶树长势反较上段茶树差，这种情况往往与湿害有关。透水性愈差的土壤，茶树愈易受到湿害。排湿的根本方法是开深沟排水，降低地下水位。茶园排水还必须与大范围的水土保持工作相结合。被排出茶园的水还应尽可能收集引入塘、坝、库中，以备旱时再利用或供其他农田灌溉以及养殖业用。

第四节　茶园树体管理

茶树是采叶经济作物，培养枝条茂盛、芽叶密集、采摘面广的优质高产树冠是茶园管理的主要任务。修剪是培养良好树冠的重要手段，是茶树优质、高产、稳产的保证。

一、优质高效茶树树冠的基本要求

良好的树冠不仅有利于采摘，也是优质高产的基础。优质高效茶树树冠必须具备下列条件。

（一）骨干枝粗壮，分枝层次分明，分布均匀

茶树分枝接近地面的较粗壮，数量较少，离地面向上生长，分

枝数量逐渐增加，至采摘面时生长枝健壮而茂密。茶树树冠呈扇形结构，而不是伞状的结构。

（二）树高适中

树冠太低不易达到一定的覆盖度和芽叶密度；如果树冠太高，又会降低光合作用产物和矿质养分的利用率，同时也不利于采摘操作。灌木型平面或机采树冠的茶树高度适宜控制在 80 厘米左右；手采立体树冠采摘前则可提高到 100—120 厘米。

（三）树冠广阔，覆盖度大

在适当控制树高的前提下，尽可能地扩大树冠幅度，使茶树具有宽大的采摘面。一般要求树幅在 130—135 厘米之间，树冠覆盖度在 90% 左右。覆盖度过高，茶园密不透风，影响茶叶产量和品质，对病虫害和不良环境的抵抗力也较低。但树冠狭窄，覆盖度过小，茶园裸露面积大，水土冲刷严重，杂草多，不仅产量低，也不利于茶叶生产的可持续发展。

（四）冠面叶层较厚

茶树叶片既是采摘的对象，又是光合作用合成有机物供应新梢生长的场所。因此，要获得高产优质的鲜叶原料，树冠面应维持一定的叶层厚度。一般平面或机采树冠应有 20 厘米左右的叶层，立体树冠应有 40 厘米以上的叶层。

二、茶树修剪技术

修剪是茶树树冠培养最重要的技术。修剪的种类很多，有定型修剪、轻修剪、深修剪、重修剪、台刈和边缘修剪等。其中最重要的是幼龄茶园的定型修剪和成龄茶园的重修剪。

（一）定型修剪

1.定型修剪目的

塑造优质高产树冠的关键环节。通过剪去幼龄茶树和重修剪、台刈复壮后茶树的部分主枝和高位侧枝，控制树冠高度，促进分枝和扩大树冠，培养健壮的骨干枝和骨架层，从而形成高产型树冠。新种植的茶树，一般要经过3次定型修剪（见表4-2）。

2.定型修剪时间

以春季茶芽萌动前进行较为合适。修剪高度不能过高，一般稍低为好，以便形成粗壮的骨干枝。特别是乔木型和直立型的品种，高度还应略低一些，这样不仅可以控制茶树高度，还可以促进侧枝生长，扩大树冠。

3.定型修剪后的管理

幼龄茶树经过三次定型修剪后，重修剪、台刈复壮后茶树经过定型修剪后，第四年、第五年以养为主、采摘为辅，春季打顶轻采；秋季用水平剪或弧型修剪机将树冠剪成弧形。深施有机肥和磷肥，新稍萌发时，及时追施催芽肥。

表4-2　幼龄茶树的定型修剪

修剪次数	主要任务	修剪时间	修剪工具	修剪技术
第一次	抑制主枝的生长优势，促进一级骨干枝的发生与形成	2月中旬至3月上旬或扦插苗移栽后立即进行，定植时树高25厘米左右	整枝剪、15厘米或20厘米高的竹板	剪离地面15—20厘米的主茎，侧枝（一级分枝）不剪，要求剪口平滑、剪口下有分枝的留柄宜短。当年切勿打顶采摘

续表

修剪次数	主要任务	修剪时间	修剪工具	修剪技术
第二次	抑制一级分枝顶端优势，促进二级分枝的生长，巩固一级骨干枝	第一次定型修剪一年后的2月下旬至3月上旬，树高达45厘米左右	整枝剪、25厘米或30厘米高的竹板	剪去离地面25—30厘米的一级分枝，即提高10厘米。从留下的一级分枝上发出的分枝（二级分枝）不剪。秋末，对离地面超过45厘米的嫩梢，可适当打顶采摘
第三次	增加分枝密度，扩大树冠，促进采摘面的形成	第二次定型修剪一年后的2月中旬至3月上旬，树高达60厘米以上	篱剪或水平修剪机、40厘米或45厘米高的竹板	在离地面40—45厘米处施剪，将根颈和树蓬内的下垂枝、弱枝剪去。剪成水平树冠

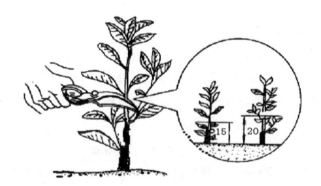

图 4-9　幼龄茶树的第一次定型修剪

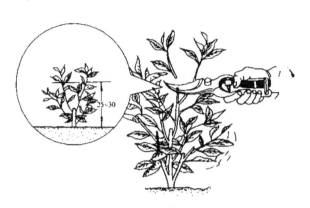

图 4-10　幼龄茶树的第二次定型修剪

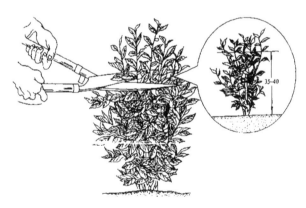

图 4-11　幼龄茶树的第三次定型修剪

表 4-3　重修剪、台刈复壮后茶树的定型修剪

修剪时间	修剪工具	修剪技术
重修剪后的第二年2—3月	水平剪或修剪机、50厘米或55厘米高的竹板。	在离地 50—55 厘米处（生长势强的品种 50 厘米，生长势弱的品种 55 厘米）剪平树冠
台刈后的第二年 2—3 月	水平剪或修剪机、35厘米或40厘米高的竹板	在离地 35—40 厘米处（生长势强的品种 35 厘米，生长势弱的品种 40 厘米）剪去上部枝条，同时疏枝，清除纤弱枝，留蓄健壮枝
台刈后的第三年 2—3 月	水平剪或修剪机、50厘米高的竹板	当新萌发的枝条长到离地面 60 厘米以上时，在离地 50 厘米处剪去上部枝条，同时疏枝，清除纤弱枝，留蓄健壮枝

（二）其他修剪技术

不同时期的茶树，根据修剪目的不同，还有不同的修剪方式（见表 4-4）。

表 4-4　其他茶树修剪类型比较

修剪方法	修剪目的和对象	修剪时间	修剪技术	剪后管理
轻修剪	刺激芽叶萌发生长，解除顶芽对侧芽的抑制作用。调节成龄茶树生产枝数量和粗壮度，平整树冠面，便于采摘而剪去树冠面较突出的枝叶	一般每年进行一次。时间一般在秋茶后的10月中下旬至11月上中旬或春茶前的2月中旬、下旬至3月初进行，但以生产名优茶为主的茶园应将春茶前轻修剪推迟到夏茶前进行	用篱剪或弧形轻修剪机，将树冠剪成弧形；机采茶园必须使用与采茶机相匹配的修剪机修剪，以形成适合机采的采摘面。修剪深度一般在原有剪口上提高3—5厘米，要求剪成弧形、剪口平滑。对茶园行间与周旁进行修边，保持15厘米宽的通道	
深修剪	茶树经过多年轻修剪和采摘后，树冠面枝条变得密集而瘦弱，为了使茶树得到更新而剪去上层"鸡爪枝"	第一次轻修剪后的第五年进行第一次深修剪，以后每隔3—5年进行一次。为减少春茶损失，一般将修剪时期改在春茶后（5月下旬）进行	修剪深度因树冠面貌不同而异，以剪除"鸡爪枝"为原则，一般要剪去叶层的一半，10—15厘米，要求剪口平滑，避免枝梢撕裂同时进行"清蔸亮脚"。机采茶园一般要剪去15—20厘米	深修剪当年留养1—2季，再打顶轻采，同时加强肥培管理，防治病虫害

续表

修剪方法	修剪目的和对象	修剪时间	修剪技术	剪后管理
重修剪	为重新培育树冠，对未老先衰的茶树或骨干枝及有效分枝仍有较强再生能力的茶树，剪去有效分枝以上的枝条	应在春茶结束后立即进行，越早越好，对于长江中下游茶区，最迟不要迟于6月上旬。因各种原因未能在此前修剪的则推迟到下年进行，或改为深修剪	离地40—45厘米处修剪较为合适。若采用机器修剪，应掌握在离地40厘米左右进行	重修剪后，全面进行清园、中耕。剪前的秋、冬季应施足基肥（以有机肥为主），剪后要立即施肥。剪后当年不采茶，秋末可适当打顶；第二年春芽萌发前在剪口上提高10—15厘米轻修剪，春、夏茶留1—2叶采，秋茶留鱼叶采。下年度同样如此。此后可按采摘茶园管理
台刈	对主干出现枯枝、根颈部萌发枝条，枝干上寄生着苔藓或地衣且呈灰白色的衰老茶树，砍掉全部枝条	最佳时间在立春前后，其次是春茶后，以春茶快结束时抓紧进行为宜	可选用台刈剪或锋利的砍柴刀进行，枝干粗的采用锯除。一般以离地5厘米砍去地上部为宜。剪口力求平滑，并略呈倾斜。切忌破裂，否则影响发芽	台刈前施足基肥，台刈后必须加强肥培管理，当年一律留养，第二年立春前和秋茶后，参照幼龄茶树的定型修剪技术分别进行一次定型修剪。结合打顶采摘技术，开头二三年，在养好茶蓬的基础上进行打顶采摘，待茶园基本封行方可投入正常采摘

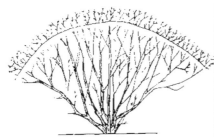

图 4-12　成龄茶树的深修剪

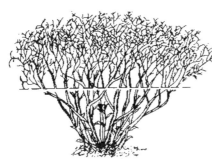

图 4-13　衰老茶树的重修剪

图 4-14　衰老茶树的台刈

三、茶园立体采摘树冠培养技术

立体采摘茶园是指树冠垂直向具有一定采摘深度，水平向具有一定幅度和分枝密度，以同一级分枝为主要生产枝，以纯采春季名优茶原料为目标的茶园模式。研究和实践表明，立体采摘茶园具有投产快、进入高效快的优点；春季茶芽质量和芽叶产量明显优于同龄平面采摘茶园；表现出茶芽萌发季节集中，采摘季节缩短的萌展规律；抗倒春寒能力明显好于平面茶园。这样一方面可以提高春季名优茶的产量，提升春季名优茶的品质；另一方面可大幅提升茶鲜叶的采摘效率，同时降低茶园采摘全年对劳动力的需求。该技术目前在各产茶区已有较大的应用面积，可供以发展名优春茶为主的茶叶生产管理者参考。立体采摘茶园的树冠培养技术要点如下：

新茶园种植当年 8 月上旬树高超过 30 厘米时在 20—25 厘米处剪去主梢；树高不足 30 厘米时，在 20—25 厘米处摘去主梢顶端；不足 20—25 厘米时当年不修。第 2 年春茶留鱼叶采，春茶后离地 25 厘米处平剪，7 月上旬提高 15—20 厘米平剪，8 月上旬再提高 20 厘米剪去突出枝，蓄养到翌春留鱼叶采。

第 3 年起，每年春茶后在上年春后修剪口每年提高 5—10 厘米进行修剪。7 月上旬和 8 月上旬分两次按上述方法进行控梢，以优化采摘层的枝梢平衡生长。当春后定剪位超过 60 厘米时，下一年春后回剪到 30 厘米以下，夏秋季控梢方法不变。

在上述修剪方式基础上需配套合理的肥培管理措施，适当重施、深施有机肥。全年可分两次施用基肥，第一次在春茶后修剪前一周进行，第二次在 9 月底至 10 月中下旬进行。修剪后可选用石硫合剂进行封园。

第五节 茶园气象灾害预防及灾后恢复

一、冻害

茶树冻害主要是冰冻、雪冻、霜冻和风冻。按茶树生物学时间可分为越冬期冻害和萌芽期冻害。低温是产生冻害的主要原因，一般茶树处在 –4℃以下的低温条件下，受冻叶细胞便结冰破裂造成不可恢复的损伤，而干旱和大风可显著加深冻害的发生程度。

（一）冻害预防

1. 重视寒潮预报

加强对灾害性天气的预测预报工作，提前做好预防。在寒潮预报发布后，对茶芽已经萌发的茶园，要集中人力抢采幼嫩芽叶，以减少冻害损失。

2. 覆盖防冻

充分利用山区现有资源，用稻草、杂草、修剪的茶树枝条等覆盖于茶行中，以不露地面为原则。对易受冻的迎风面茶园，用稻草、杂草、修剪的茶树枝条或遮阳网覆盖茶树蓬面，待寒潮过后及时掀去覆盖物。

3. 熏烟防冻

根据风向、地势、面积设堆，气温降至 2℃左右时点火发烟，既可防止热量扩散，又可使茶园升温。

4. 灌水防冻

水源充足、灌溉设施较好的茶园，在寒潮到来之前向茶园喷水、灌水，可保持茶园土温，增加茶园空气湿度，使冷空气不易侵入，茶树不易受冻。越冬期保持茶园土壤0—20厘米土层中土壤含水率15%以上，可减轻冻害。对于茶树苗圃，要注意苗圃的水分管理，防止冻土抬苗造成茶苗出现脱水现象。

5. 及时施肥

秋季寒潮来临前及时施足基肥（有机肥为主，忌施纯氮肥），有机肥发酵可提高地温，既可补充养分也可提高茶树抵御低温的能力。

6. 合理修剪

掌握好夏茶初的修剪留叶技术，秋茶及时打顶采摘并采尽秋末幼嫩枝梢，留足当年的成熟叶片，既提高茶树抵抗低温的能力，又可使来年春茶提早萌发并高产。

7. 及时清除茶蓬积雪

雪停后及时用木棒或扫把清除茶蓬积雪，一是防止因积雪过厚压伤茶树，二是防止融雪时遇低温叶面和茶树结成冻壳造成冻害。

（二）冻害后恢复

1. 茶园肥培管理

（1）增施早春肥

茶树受冻后损耗了体内较多的营养物质，必须及时补给才能恢复生长和发芽。早春肥应在 2 月下旬至 3 月上旬尽早施下，施肥量比常规早春肥适当增加，用量为每亩施纯氮 24—30 千克，以施茶叶专用有机肥和复合肥为主。成龄茶园施尿素 25—30 千克 / 亩，或普通复合肥（氮磷钾总养分 ≥ 25%）50 千克 / 亩，或高浓度含硫复合肥（氮磷钾总养分 ≥ 45%）30 千克 / 亩。幼龄茶园施肥量是成龄茶园的四分之一至三分之一。

（2）喷施叶面肥

茶树冻后喷施叶面肥，可刺激茶树根部对水分和养分的吸收，使茶树较快恢复生机，促进芽叶萌发。叶面肥建议喷施：0.1%—0.2%硫酸锌、0.1%—0.3%硫酸镁、0.5%—1.0%磷酸二氢钾、0.5%—1.0%尿素，也可选用喷施宝、爱多收等植物营养液。时间选在 3 月上旬前阴天或晴天早晚，喷施后要求 8 —10 小时内无雨。

2. 茶树水分管理

春季雨水较多，茶园中若有积水，要及时开沟排水，保持茶园干爽。

3. 茶树修剪

冻害轻微的茶树，春茶前可不进行轻修剪，把修剪时期改在春茶后的 5 月中旬进行，可以提早春梢萌发，早采名优茶；对于受冻严重（枝叶冻死、冻枯）的茶树，在气温回暖后，应立即对受冻枝叶进行修剪，山区茶园考虑可能有低温天气出现，修剪适当推迟，宜剪去冻害层，做到因树制宜。轻冻轻剪，重冻重剪，以剪口比冻死部位深 1—2 厘米为宜。重剪顾面不顾点，以整块茶园实施统一的技术管理为要求。

4. 茶树树冠恢复

修剪程度较轻的成龄茶园，春茶前期正常采摘名优茶，春茶后期留叶采，以便蓄养树冠。受害幼龄茶园或修剪程度较重的成龄茶园，应留养春梢，夏茶打顶采摘，以促进茶园早封行早成园。

5. 及时补植换种

对受冻严重、采用补救措施难以补救的老茶园，应进行改种换植。清除植株，栽植无性系抗寒品种，加强肥水管理，保证茶苗移栽成活率和幼苗生长。新植茶园的幼龄茶树冻死后，翌年早春须及时进行茶苗补植，应尽早开展茶苗的购买调运工作，以确保茶苗的及时补植。对受灾的幼龄茶园和改种换植茶园，可在行间套作一年生粮食和矮秆经济作物，弥补受灾损失。

二、旱害

图 4-15　发生旱害的茶园

（一）茶园旱害防御技术措施

1. 加强肥培管理，提高茶树抗旱能力

可在春茶生产结束后旱季来临前进行中耕除草，耕作深度5—10厘米，减少地面水分的蒸发和消耗，提高土壤的保水能力，并适时追施速效肥料，每亩施复合肥15—20千克，也可喷施0.5%尿素或多元素液肥2—3次，增加茶树养分的吸收和贮存量，提高抗旱能力。习惯在春茶后修剪的茶区，应掌握在"梅雨"前进行，避免修剪后就立即进入旱季，加速旱害的发生。干旱期间，幼龄茶园适当施肥补充肥水，可提升茶树本身抗逆能力，减轻土壤板结和促进土壤保湿。肥料可选用腐熟稀薄的人粪尿进行浇施，也可用0.5%的磷酸二氢钾水溶液进行根外施肥，下午5点以后叶面喷雾，每隔5—7天喷雾一次，连喷2—3次，有效增强茶苗抗旱能力，缓解旱情。

2. 间作绿肥、种植遮阴树，改善茶园生态环境

茶园行间间作夏季绿肥，不但可以大量增加土壤的有机养分含量，改善土壤结构，同时还可以增加茶园行间的绿色覆盖度，降低地温，减少土壤裸露，降低地表径流，促进雨水向土壤深层渗透，有效保持土壤含水量。可选择叶疏、杆高、枝干呈伞状的大豆、花生、绿豆、大叶猪屎豆、柽麻等。在茶园行间种植遮阴树，如杜英、乌桕、桂花、樱花等阔叶树种，每亩种植5—8株。也可茶果间作，改善茶园小气候。

3. 茶园灌溉

具备灌溉条件的茶园，要因地制宜采取浇灌、喷灌、滴灌、流灌等不同方法进行抗旱。其中，以喷灌整体效果最佳，滴灌节水效果好，沟渠流灌、人工水管浇灌简单方便。灌溉时间多在10：00之前和17：00之后。对水源条件差的部分山区茶园，可修建蓄水池，在雨季时蓄满水，旱季时就可作为灌溉、喷药、喷肥用水。

4. 铺草覆盖

茶园行间铺草，一是可以稳定土壤热变化，减少地表水分蒸发量，防止或减轻茶树旱热害；二是可以增加土壤有机养分，保持土壤疏松，抑制杂草滋生，有利于改善茶叶品质，提高茶叶产量；三是可以减缓地表径流速度，防止或减轻土壤冲刷，并促使雨水向土壤深层渗透，增加土壤蓄水量，起到保土、保水、保肥效果。茶园行间铺草以铺草后不见土为原则，要求铺草厚度在8—10厘米之间。草料以不带草籽，不带病菌虫害的稻草、绿肥、豆秸、山草、麦秆等为佳，一般每亩铺草1000—1500千克。有条件的平地和缓坡地茶园，旱季也可选用塑料遮阴网遮阴，离地1.8—2.0米搭架，以遮阴网高出茶树蓬面50—60厘米为宜。

5. 加强病虫害防治

干旱期间病虫害加重，要尽量避免旱灾和病虫害叠加危害。此间主要茶树病虫害有小绿叶蝉、茶棍蓟马、黑刺粉虱、茶毛虫、螨类等。尤其是幼龄茶园，易遭小绿叶蝉、茶棍蓟马等危害，可采用农业、物理、生物等措施进行综合绿色防控。喷药时间可选在阴天或晴天的上午或傍晚。

6. 旱情发生时应注意的事项

茶园连续高温干旱一周后，应注意避免除草，必要时可割高草就地覆盖；避免采摘、修剪、施肥、耕作等茶园农事活动，以免加重旱热害。

（二）旱灾后茶园恢复技术措施

1. 修剪

受害茶树叶片有焦斑或脱落，但枝条顶部茶芽仍然存活的茶树，可暂不修剪，让茶树自行发芽，恢复生长。对于受害特别严重，蓬面枝条出现严重枯死的茶园，需进行修剪，将枯死枝条剪去，但要注意宜轻不宜重。

2. 施肥

当降雨2—3次，旱情缓解、土壤湿透后及时施用复合肥和叶面肥，促进茶树尽快恢复生长。这次施肥可作为茶园基肥，每亩施有机肥300—500千克或菜籽饼150—200千克，再加氮磷钾养分总含量为45%的高浓度复合肥20—30千克，或氮磷钾养分总含量25%左右的普通复合肥50—60千克，开沟深施。

3. 留养秋茶

8月20日前如旱情仍无法缓解的茶园，8月20日后不宜采摘和打顶，应留养秋茶。对于手工采摘名优茶的立体茶园，封园前（10月底）剪去蓬面嫩梢（如有）；对于采摘大宗茶的机采茶园，在10月中下旬剪平茶树蓬面，机采叶可加工片茶。

4. 重新种植

对于死亡率较高的幼龄茶园，可于10—11月将原旱死幼苗挖除，补种上同一品种的茶苗，确保茶行不缺株断行。补种后要及时浇水，提高补栽茶苗成活率。

三、冰雹灾害

2021 年 5 月，受强对流天气影响，位于贵州省 5 条冰雹带上的凤冈、湄潭、正安、绥阳、余庆、仁怀、纳雍、清镇、瓮安、开阳、平坝、六枝、金沙、七星关、晴隆、普安等茶叶主产县（区）冰雹频发，金沙县还出现了直径 50 毫米的最大冰雹。冰雹灾害会造成茶树生理功能下降，严重阻碍茶树正常生长发育，影响茶叶产量和品质，给茶农、茶企带来巨大的经济损失。

图 4-16 遭受冰雹灾害的茶园

（一）茶园冰雹的危害

冰雹对茶叶生产的危害，主要取决于冰雹的大小、密度、持续时间和茶树所处的生育期。

1. 直接危害

冰雹直接冲击茶树树冠，击落芽叶，打断枝梢，损伤蓬面，枝断叶裂，茶青破碎率增高，直接影响茶叶产量、品质和经济效益。

图4-17　冰雹过后茶树状况

2. 间接危害

（1）影响茶树根系生长

冰雹溶化、冰水入土，土温急剧下降，根部须根和根尖受到异常低温的突然刺激而产生冻害，根系活力下降。

（2）影响茶树光合生理

雹粒解冻吸收土壤和大气中的热量，再加上伴随冰雹的连续阴雨天气，使冰雹地区温度骤降。蓬面新芽萌发减少，新梢滞育不伸，节间变短，叶张变薄，驻芽和对夹叶增多，树势衰退，茶树光合作用、灾后产出的百芽严重降低。

（3）影响茶树生化品质

冰雹不同程度地降低了茶鲜叶水浸出物、茶多酚、氨基酸、咖啡碱等生化成分的含量，直接影响茶叶产品的品质。

（4）影响茶树抗病能力

冰雹造成的芽叶伤口和空气湿冷环境，更有利于低温高湿型的茶饼病、茶赤星病等病原微生物的侵染。

（二）灾后补救

1.及时查看灾情

冰雹停止后尽早检查受害情况，摸清降雹面积、降雹密度、持续时间、雹粒大小和堆积厚度等基本情况。用方框测定被击落的芽叶数量，尚存蓬面芽叶数量，蓬面破损芽叶与完好芽叶的数量，以确定雹害程度。

轻度雹害，击落芽叶比例 ≤ 15%，破损芽叶比例 ≤ 30%；中度雹害，15% < 击落芽叶比例 ≤ 30%，30% < 破损芽叶比例 ≤ 50%；重度雹害，击落芽叶比例 >30%，破损芽叶比例 >50%，有枝梢折断。

图 4-18　不同冰雹灾害程度茶园

2. 补救措施

（1）清理冰雹，及时松土

清理茶树蓬面和行间地表的冰雹，待雹粒溶化后，及时浅耕松土，提高土壤透气性和土壤温度，缓解茶树根系的低温损伤。

（2）整枝修剪，复壮树冠

对轻度、中度、重度雹害茶区，新梢休止的茶园分别进行轻修剪、深修剪、甚至重修剪，培养茶树骨干枝，复壮树冠；轻度雹害且仍在生产的茶园应强采轻度受损芽叶，及时加工，避免或减轻受损芽叶红变；中度雹害且仍在生产的茶园，在尚存蓬面新梢有一半以上达到采摘标准时，必须先强采标准芽叶，再修剪损伤芽叶，整蓬促进新芽萌发，减少经济损失。

（3）重施有机肥，增施磷钾肥

重施有机肥，提高土壤温度和肥力，促进根系活性，忌单施尿素；在氮、磷、钾配合情况下，增施磷钾肥，在复壮树体的同时提高茶树抗性，推荐施用茶叶专用有机无机复混肥。

（4）绿色防控，保护树体

喷施灭菌剂，防止病原微生物由破损口侵入；新芽萌发过程注意防控小绿叶蝉和蓟马。

（5）建立生态防护屏障，避免年年雹灾

对于冰雹发生频率较高的茶区，可建立生态茶园，利用乔木树种的遮挡作用，缓解冰雹对茶园的危害。

第六节　茶园生产管理常用机械及维护

茶叶机械化生产是茶产业发展的必然趋势，茶园管理机械化是实现茶叶生产全程机械化的关键。当前，我国茶园生产应用的设备主要有茶园微耕机、施肥机、植保机、除草机、修剪机、采茶机等。

一、茶园生产管理常用机械

（一）耕作机

1.3TG-4.0 茶园管理机

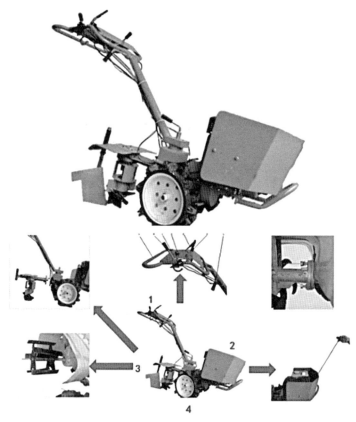

图 4-19　3TG-4.0 茶园管理机

主要技术参数：功率 4.0 千瓦；整机重量 60 千克；单模块最大质量 21 千克；旋耕 / 开沟作业深度 80—100 毫米，作业宽度 600 毫米；生产效率 1.2—1.5 亩 / 小时。

特点：重量轻，模块化快速拆装设计，功耗低，适用于坡度较高的茶园。

2. 茶园深耕机

图 4-20　茶园深耕机

主要参数：动力 4.4 千瓦；耕作宽度 400 毫米；耕作深度 200 毫米；设备重量 150 千克；工作效率 0.8—1.5 亩 / 小时。

（二）施肥机

常用设备：手扶式施肥机

图 4-21　手扶式施肥机

主要参数：动力 2.9 千瓦；撒播幅度 3000 毫米；设备重量 75 千克；设备尺寸（长 × 宽 × 高）1200×570×880 毫米；工作效率 7—9.5 亩 / 小时。

（三）割草机

特点：操作简便，此款机械有两种打草头，一种为刀片，可用于切割茎秆较粗的杂草；另一种为打草绳，可专用于打贴近地面或茶树树干旁茎秆较细的杂草，机身稳定，除草效率高。进口机械较稳定，但配件及维护价格稍高。

图 4-22　茶园割草机

（四）修剪机

包括单人修剪机、双人修剪机、双面修边修剪机等。

特点：单人修剪机轻巧，灵活机动，既可用于茶树的轻修剪和深修剪，还能用于茶行的修边作业。刀片切割能力强，10 毫米以内直径的中等老化枝条可顺利切断，切口平整。双面修边修剪机可同时对两行茶园进行修边操作，手扶式操作，修剪宽度 200—420 毫米，修剪高度 1000 毫米，省力、效率较高，可达 10—12 亩 / 小时，但要求茶园比较平坦。

单人修剪机

双人修剪机　　　　　　　自走式双面修边修剪机

图 4-23　修剪机

（五）多功能茶园管理装备

1. 低地隙履带式多功能茶园作业机

图 4-24　低地隙履带式多功能茶园作业机

装备简介：采用低地隙、窄幅宽、履带式通用底盘，可在茶（果）园行间行走，具有爬坡性能强、作业半径小、稳定性高和成本低等优点，通过更换不同机具，可完成耕作、施肥、修剪、植保等作业。

主要参数：设备尺寸（长 × 宽 × 高）1500 × 800 × 1400

毫米；动力22千瓦；工作效率2—6亩/小时；配套作业机具包括中耕、深耕、除草、风送植保、物理吸虫、修剪、螺旋施肥（有机/无机）。

应用领域：适用于行距为1.5米以上的平地和缓坡茶园的耕作、施肥、修剪、植保等作业。

2.高地隙自走式茶园作业机

装备简介：采用高地隙变幅式作业底盘，全液压驱动，通过更换不同作业机具，实现中耕除草、深松、施肥、植保、吸虫等作业，具有性能可靠、配挂方便、一机多用和适用性高等优点。

主要参数：整机重量1500千克；轮距1500—1800毫米；动力37.5千瓦；工作效率4—10亩/小时；配套作业机具包括立式旋耕、深耕、除草、喷杆植保、物理吸虫、修剪、施肥。

应用领域：适用于行距为1.5米以上的平地及缓坡茶园多功能作业。

图4-25　高地隙自走式茶园作业机

3.YTH 系列果菜茶园区域遥控多功能管理机

图 4-26　YTH 系列果菜茶园区域遥控多功能管理机

装备简介：针对果菜茶园复杂地形、地貌的特点，采用中小马力动力平台机液并联传动技术和 WMCM 无线多载波高清图像传输技术，可实现区域遥控、监控驾驶。通过更换作业机具可完成耕作、施肥、修剪、收获等田间管理作业，具有集成度高、低重心、窄宽幅、全局监控作业等特点，适应于复杂地形果菜茶园无人驾驶与自动导航作业。

主要参数：设备尺寸（长 × 宽 × 高）1300 × 800 × 1300 毫米；遥控距离 1.3 千米；动力 22 千瓦；工作效率 2—6 亩 / 小时；配套作业机具包括中耕、深耕、螺旋施肥（有机 / 无机）。

应用领域：适用于缓坡茶园、桑园、果园及其他种植作物，可以挂载不同种类机具实现耕作、施肥、修剪、植保等作业。

4.遥控自走式采茶管理一体机

图 4-27 遥控自走式采茶管理一体机

装备简介：以跨行自走式采茶技术为基础集成了模块化、复式多功能作业技术模式，可完成采茶、植保、修剪、耕作 4 种复式作业，具有通过能力强、高度、作业幅度可调等优点。

主要参数：动力 37.5 千瓦；割幅 1500 毫米；采摘 / 修剪高度 220—1200 毫米（可调）；遥控距离 1.3 千米；工作效率 3—10 亩 / 小时。

应用领域：适用于标准化规模种植的茶园多功能作业（采摘、植保、耕作、修剪）。

二、采茶机和茶树修剪机的冬季维修保养

在茶季结束之后，采茶机和茶树修剪机的维修保养工作应注意以下几方面：

（一）全面擦拭采茶机和茶树修剪机的表面，清除机器上残留的枝叶，用水（可加适量的洗洁精）彻底清洗刀片和汽油机等处的茶汁和油渍，特别是减速箱等处的油污要注意洗干净。

（二）将采茶机或茶树修剪机油箱内的燃油彻底倒出，并卸下火花塞，拉动启动绳几次，将油管和化油器中的燃油排净。

（三）对机器进行全面检查，发现零件松动或损坏，应及时固紧或更换。

（四）向刀片上滴注机油，更换减速箱内的机油。单人采茶机和茶树修剪机的软轴应更换黄油，并单独挂起来保存。

（五）用塑料薄膜覆盖好采茶机和茶树修剪机，贮放在室内通风干燥处。应注意避免将采茶机和茶树修剪机与化肥、农药等腐蚀和有毒物质一起存放。

贵州茶叶加工实用技术

第一节 绿茶加工工艺（主要以机械加工为主）

一、扁形绿茶（以西湖龙井为例）

1.鲜叶质量：应采摘大小一致、老嫩均匀的叶片，注意不采伤叶和病叶。采摘时应用透气良好的竹篮盛放，不能使茶叶出现红变，应保护茶青的鲜度、嫩度、匀度。避免采摘雨水叶和紫色叶。制作扁形绿茶所需的鲜叶分等级，从一芽一叶初展、芽叶夹角度小、芽长于叶、芽叶匀齐肥壮、芽叶长度不超过2.5厘米的特级鲜叶到一芽二叶至一芽三叶，一芽三叶不超过50%，叶长于芽，有部分嫩的对夹叶，长度不超过4.5厘米的四级鲜叶，等级不同，要求有所区别。所有等级的鲜叶要求保持新鲜、匀净。

2.摊青：摊放厚度视天气、鲜叶老嫩而定。制作龙井的鲜叶，一般二级及以上鲜叶原料每平方米摊放1千克左右，摊叶厚度控制在3厘米以内；三级、四级鲜叶原料一般控制在4—5厘米。摊放时间视天气和原料而定，一般6—12小时。晴天、干燥天时间可

茶叶产业发展实用指南

139

短些；阴雨天应相对长些。高档叶摊放时间应长些，低档叶摊放时间应短些，掌握"嫩叶长摊，中档叶短摊，低档叶少摊"的原则。摊放程度以叶面开始萎缩，叶质由硬变软，叶色由鲜绿转为暗绿，青气消失，清香显露，这时候表明摊放适度，此时含水率一般在70%左右，即失水率达15%—20%为适度。

3. 机械青锅：机械青锅采用浙江生产的"6CCB-7801型""6CCB-小时F900型"等各类扁形茶炒制机。首先打开电源，设定杀青温度，启动加热装置，当锅温升至220—260℃时（一般特级、一级、二级掌握在220—240℃，三级、四级掌握在240—260℃。机械温度计显示温度，下同），加入少量炒茶油，待油烟散去后，均匀投入茶叶，一般特级100—150克，一级、二级150—200克，三级、四级250—300克，炒制中每锅投叶量应稳定一致。鲜叶投入锅中有"噼啪"爆声，同时开机翻炒；当叶子开始萎瘪，梗变软，色泽变暗时，开始逐步加压，根据茶叶干燥程度，一般每隔半分钟压力加重一次，加压程度主要看炒板，以能带起茶叶又不致使茶叶结块为宜。不得一次性加重压。锅温应先高后低并视茶叶干燥度及时调整，温度一般分三段：第一阶段锅温从青叶入锅到茶叶萎软，一般在1—1.5分钟；第二阶段是茶叶成形初级阶段，温度比第一阶段低20—30℃，时间一般为1.5—2分钟，到茶叶基本成条、相互不粘手为止；第三阶段温度一般在200℃左右，此时是做扁的重要时段，一般恒温炒。为提高扁平度，在杀青2—3分钟，即第三阶段时，增加"磨"的动作。待茶叶炒至扁平成形，芽叶初具扁平、挺直、软润、色绿一致，且达一定的干度，含水量在

25%—30%，推开前面出料门自动出锅。青锅用时一般为 4—6 分钟。茶叶炒制结束，切断机器电源。最后待温度降到常温后，再关闭加热电源。

4.摊凉回潮：青锅叶出锅后应及时摊凉，尽快降温和散发水汽。然后，适当并堆，必要时覆盖清洁棉布，使各部位的水分重新分布均匀回软。摊凉回潮时间以 30—60 分钟为宜。

5.青锅叶分筛：根据需要用不同孔径的茶筛将回潮后的二青叶分成 2—3 档，簸去片末。筛面、中筛、筛底分别辉锅。

6.手工辉锅：采用专用龙井炒茶锅。将锅温加热到 60—90℃。一般特级、一级、二级茶温度掌握在 60—80℃，三级、四级茶可略高些。炒制温度掌握先高中低后高原则，在干茶出锅前略提高锅温感到烫手即可，能起到提香透出色泽的作用。辉锅投叶量，根据手的大小和习惯确定，一般特级、一级、二级茶每锅 200—250 克，三级、四级茶 250—300 克。在锅子温度达到设定的标准，先用油榻蘸极少量炒茶专用油脂，润滑锅面，油烟散去后，放入青锅叶。开始宜轻抓、轻抖、稍搭，把茶叶匀齐地掌握在手中，以理条、散发水汽为主，炒 3—8 分钟，然后逐渐转入搭、抓、捺、甩，把茶叶齐直地攒在手中，保持"手不离茶、茶不离锅"，逐步以抓、扣、推的手法代替搭、抓的手法。抓、推、捺手法相互交替、密切配合，使茶叶在手中"里外交换"吞吐均匀，炒 5—6 分钟。当茶叶出现灰白（即茶的毫毛显露）时，可略提高锅温（有烫手感），用力减轻，为使茶毫脱离茶身，改用抓、推、磨等手法，使茶叶光、扁、平、直，当茶毫起球脱，此时一定要"守住"茶叶，尽量不要让茶叶"逃"出手外，当茶毫脱净，最大几颗茶叶一折就断，可起锅，炒5分钟。辉炒总历时15—20分钟。含水量约为7%。

7.干茶分筛：经辉锅后，炒制好的干茶经摊凉，选用不同孔径的龙井茶筛，分出2—3档；筛面（头子）、中筛、筛底（底子）。

8.挺长头：将各级的筛面茶按辉锅的方法再炒一遍。

9.复筛后归堆：将经过筛分后的各级筛号茶，按同级筛号归堆，并分别标上日期、等级、数量。

10.收灰与贮藏：最后将炒制好的茶叶用专用纸包装，放在专用贮存缸或其他容器中，按茶叶与生石灰5∶1的比例贮放，茶叶与生石灰不能直接接触，之间用纸或本白白布隔开。收灰时间掌握在10—15天，然后进行低温贮藏。

二、卷曲形绿茶（以都匀毛尖为例）

1.鲜叶质量：制作都匀毛尖的鲜叶可分级为：特级为一芽一叶初展，一级为一芽一叶半开展，二级为一芽一叶开展。鲜叶采摘的质量要求为鲜叶长度不大于2.5厘米叶柄长度不大于2毫米，芽叶完整，叶色淡绿或深绿，叶质鲜嫩，均匀洁净，含水量不低于72%，无机械损伤，无病虫害斑点无鱼叶鳞片，无紫红芽叶。采摘时应用透气良好的竹篮盛放，不能使茶叶出现红变，应保护茶青的鲜度、嫩度、匀度。避免采摘雨水叶和紫色叶。

2.摊青：摊放采后的芽叶经过筛选，剔除不符合要求的鱼叶、单片及杂物等，置于阴凉通风、洁净的室内2—3小时，摊放厚度3—5厘米。摊放程度以当芽叶含水量为70%左右，鲜叶减重率

15%—25%；鲜叶的色泽由鲜活翠绿转变为暗绿；叶面光泽基本消失；青草气减轻，散发出花果清香，叶质变得较柔软时为适度。

3. 杀青：杀青使用 6CST-50 型或 6CLC-80 型名优茶滚筒杀青机，进样口内的空气温度为 120—140℃，投叶量为每分钟 1000—2000 克，匀速投叶是保证机械杀青质量的技术关键，同时应打开出茶口的电风扇，使出来的杀青叶迅速散失水汽、降低叶温。杀青的程度在鲜叶的色泽由鲜活翠绿转变为暗绿，叶面光泽基本消失；青草气减轻，散发出花果清香，叶质变得柔软时为适度。同时杀青叶在摊凉一段时间，大概 1—1.5 小时回潮后即可进入揉捻工序。

4. 揉捻：揉捻使用 6CR-35 型或 6CR-35 型名茶揉捻机，投叶量以装至揉捻桶 3/4 处为宜。按"轻—重—轻"的加压原则进行揉捻，先轻揉 2—3 分钟，再重揉 20 分钟，最后减压 1—2 分钟，具体看成条情况，调整加压和揉捻时间，待成条率达 80% 以上后，揉捻结束。

5. 初烘、搓团、显毫：做形在 6C 小时 P- 60 型或 6C 小时 P-100 型名茶烘干机中进行。烘焙机的热风温度必须达到 110 ℃，具体通过热风炉、鼓风机和排风口调节。初烘时，先将揉捻叶抖散薄摊，待叶温升至 80 ℃左右，散失部分水汽后进行搓团，搓团要顺着一个方向进行，先搓小团，再搓大团，速度要快，待含水量达 30% 后转入提毫，要求温度在 70℃左右，趁热用茶叶相互摩擦起毫，用力从重到轻，茶团从小团到大团，待毫毛显露出毫均匀后结束该工序。

6. 焙干：焙干在烘干机的烘盘上进行。烘焙时，温度应在 70℃

茶叶产业发展实用指南

左右，将热风调弱，避免将毫毛吹飞吹落，经常翻动，使干燥均匀，至含水量达 6% 以下。

三、珠形绿茶（以绿宝石为例）

1. 鲜叶质量：应采摘大小一致、老嫩均匀的叶片，注意不采伤叶和病叶。采摘时应用透气良好的竹篮盛放，不能使茶叶出现红变，应保护茶青的鲜度、嫩度、匀度。避免采摘雨水叶和紫色叶。制作珠形绿茶所需的鲜叶要求分三方面，第一嫩度，嫩度我们选取一芽二、三叶成熟茶青为原料，第二匀度要求所采鲜叶要匀整，第三新鲜度要求是刚采摘下茶树的鲜叶。

2. 摊青：鲜叶于摊青槽中摊放，摊青槽长、宽分别 10 米、1.2 米，底部配有风机，风量约 170 米 / 分钟，摊放厚度 10—15 厘米。恒温恒湿摊放间内，控制温度在 14—17℃，相对湿度 85%—88%。摊放厚度 10—15 厘米，摊放时间约 10 小时，同时开启摊青槽风机吹风。摊放后鲜叶应当略有清香，叶质变软，失去光泽。

3. 杀青：杀青采用 80 型连续滚筒杀青机（天然气、电作为热源）作为杀青机械，杀青叶在滚筒内滚动加热时长 1.2—1.5 分钟，控制杀青叶在筒内温度不高于 90℃；杀青后叶片含水量降低至 55% 左右，叶质稍变硬，边缘有爆点，手握之略有扎手感；茶香凸显，色泽绿润。

4. 回潮：该工序为绿宝石茶加工工序中极为关键的一环，对后期做形好坏有相当大的影响。杀青叶在摊凉后，迅速转移至竹篾，并用编织袋捂严实进行回潮。回潮叶片堆放厚度 40—50 厘米，时间约 2 小时。回潮后叶片含水量上升，叶质回软。

5. 揉捻：揉捻采用 65 型揉捻机，转速 35 转 / 分钟，揉捻时间 25 分钟，压力要求为先轻压 10 分钟，再重压 5 分钟，最后轻压轻揉 10 分钟。揉捻后叶片应略成条，握之略有粘手感，抖之即散。

6. 做形：做形利用 50 型双锅曲毫炒干机对脱水叶片进行做形。做形过程共分三次进行，其具体方法与珠茶加工工艺接近，亦有"炒小锅、炒对锅、炒大锅"之分。

第一阶段，炒小锅。这一阶段要求锅温不宜太高，维持在 120—170 ℃，炒板摆动幅度要大，炒板下沿最高可推进到距锅脐 25 厘米处，茶叶抛得高，抖得散，热量散发快，使叶温始终保持在 45℃以下，以确保茶叶水分散失不会过快，而导致成形困难。炒小锅投叶量约 13 千克，时间约 30 分钟，炒完后叶片含水量 30% 左右，大部分的茶叶已被炒制成松散圆形。

第二阶段，炒对锅。该步是茶叶成形的最关键步骤，大部分茶叶在这一阶段被炒制成圆形或近圆形。炒制时，两锅小锅叶并为一锅进行炒对锅，锅温控制在 120—140℃，炒板摆动幅度较炒小锅为小，下沿摆动区最高可推进到距锅脐 15—18 厘米处，炒板频率应保证往返三次左右，使锅中加工叶翻转一次为佳，并使加工叶在锅中翻滚而不抛散，叶温控制在 50℃左右，炒制时间约 2 小时。炒制完成后茶叶含水量下降至 15% 左右，大部分已成圆形或近圆形，颗粒较紧结。

第三阶段，炒大锅。炒大锅是做形的最后阶段，一般投叶量在 40 千克左右。炒大锅要求炒板摆幅小，下沿只能推进到锅脐附近，频率以往返五次使锅内加工叶翻转一次为适度。锅温维持在 100℃ 左右，叶温不高于 60℃，炒制时间约 30 分钟，以促进茶叶中水分进一步散失。炒制成形后茶叶含水量约为 10%，外形圆紧，颗粒重实。

7. 烘干、提香：烘干用 20 型连续烘干机烘至足干，温度 100—130℃，时间 7 分钟。烘干完成后茶叶含水量低于 7%，手捏之即成粉末，茶香显现。再进行提香，烘干叶摊凉 24 小时后，使用 20 型连续烘干机提香，以进一步发展香气。温度 100—130℃，时间 7 分钟。提香完成后，成茶颗粒圆紧重实，色泽绿润，茶香凸显。

四、球形绿茶（以雷山银球茶为例）

1. 鲜叶质量：应采摘大小一致、老嫩均匀的叶片，注意不采伤叶和病叶。采摘时应用透气良好的竹篮盛放，不能使茶叶出现红变，应保护茶青的鲜度、嫩度、匀度。避免采摘雨水叶和紫色叶。制作扁形绿茶所需的鲜叶要求分三方面，第一嫩度，嫩度我们选取单芽、一芽一叶，第二匀度要求所采鲜叶要匀整，第三新鲜度要求是刚采摘下茶树的鲜叶。

2. 摊青：鲜叶进厂验收后，薄摊于槽中，经 4—8 小时，实际生产过程中，当叶面开始萎软，叶质由硬变软；叶色由鲜绿变暗绿；青气部分散失，清香显露时表明摊放适度，此时含水率一般在 70% 左右。

3. 杀青：打开电源，设定杀青温度，启动加热装置，启动电动机使筒体转动均匀受热，以免筒体变形。接着将鲜叶投入输送机的贮茶斗内，但此时输送带不予启动。杀青温度240—280℃，掌握"先高后低"的原则。当滚筒温度达到设定温度后，即可启动输送鲜叶电机进行投叶，开始上叶时投叶量要多，以免焦变。叶子在筒内经历2—4分钟杀青过程，开始出叶时应观察杀青程度，并按杀青程度调整投叶量的多少，投叶量通过匀叶器的高低来控制。在杀青过程中，应随时检验出叶情况，如杀青程度偏嫩，应放低匀叶器，减少投叶量；如杀青程度偏老，则升高匀叶器，以增加投叶量。每小时投叶量，春季嫩叶为150—200千克，后期老叶可适当增加；如遇雨水叶或露水叶，含水量较高以及嫩叶含水量较高的鲜叶，则需调整滚筒转速，使筒体在20转/分钟转速下工作，以延长叶子在筒内的停留时间，一般鲜叶以中速25转/分钟为宜。当杀青结束时，需要提前关闭加热电源，以免结束时产生焦叶。杀青程度达到梗折不断，手捏成团，有弹性，散发清香味，叶面色泽由绿变为暗绿，无红叶红梗，即可出锅。杀青结束后，需要让滚筒继续转动，防止滚筒受热不均，筒体变形。在滚筒温度降到常温后，再关闭加热电源。在杀青叶出锅后，及时摊放在冷却工具上自然冷却或机械冷却，回软后揉捻。

4. 揉捻：用6CRW系列揉捻机进行，按照揉捻机投叶量要求投入杀青叶，揉捻压力掌握"轻—重—轻"的原则，全程25—35分钟。揉捻至茶条卷拢，茶汁稍沁出，成条率95%以上，即可下机解块。揉捻程度达到条索紧结，无断碎、无芽叶分离，有弹性。

5. 回炒：采用瓶式炒干机或电热烘干机。温度视机型而定，掌握"先高后低"的原则。回炒时间5—8分钟。回炒程度达到茶坯柔软，手捏不粘手，有弹性。然后茶坯出锅后摊放在专用器具上，自然冷却。

6.做形：揉团时先计算好重量，按茶水比1∶50计算，200毫升的茶杯，冲泡时用干茶为4克，那么含水量40%的茶坯制成4克干茶就需要7克左右。粗天平称好茶坯，人工拣去粗条片块，并用60目竹格筛（专用）筛去碎末茶，称取3.7—4.1克茶坯量，以确保个体干重2.5克（±0.2克），然后将茶叶放在手掌心中，双手搓动使之形成圆球。搓圆后放在特制的网状圆模中，再放入烘箱中烘干。避免黄熟，尽快烘干、形成良好香气，经多次试验，认为用一半含水量20%叶子搓小球，再用含水量40%的叶子裹在外层搓成团，然后入模烘干，效果更好。每颗茶球坯料经过搓、压、捏、挤、揉、整形，茶球圆紧，不松散、不开裂。

7. 干燥、提香：烘干箱调至温度120℃，烘40分钟，摊凉1小时后脱模，继而用80℃烘至足干。烘的过程开动鼓风机鼓风进行烘干。干燥程度达到用手捏能听到破碎清脆声，最后进行提香，温度70—80℃。时间全程控制在1—1.5小时。当用手捏干茶球成碎状，即可出锅。

五、条形绿茶（眉茶为例）

1.鲜叶质量：应采摘大小一致、老嫩均匀的叶片，注意不采伤叶和病叶。采摘时应用透气良好的竹篮盛放，不能使茶叶出现红变，应保护茶青的鲜度、嫩度、匀度。避免采摘雨水叶和紫色叶。制作条形绿茶所需的鲜叶要求分三方面，第一嫩度，嫩度我们选取单芽、一芽一叶；第二匀度，要求所采鲜叶要匀整；第三新鲜度，要求是刚采摘下茶树的鲜叶。

2. 摊青：将鲜叶均匀薄摊于竹篾席上，保持周围清洁卫生、阴凉通风。摊放厚度为6—8厘米，时间为4—6小时，每隔1小时翻动一次，动作要轻。室内温度22℃左右，叶温控制为22—26℃。摊放适度的标准：叶质发软，叶芽舒展，发出清香，颜色暗绿，含水量68%为宜。

3. 杀青：杀青采用6CST-30型至6CST-80型滚筒杀青机主杀，再加微波脱水补杀。杀青时机内空气温度达到120—130℃时开始投叶，投叶速度按不同型号台时产量的要求，掌握少量、连续、均匀投叶，保证杀匀杀透。杀青后鲜叶含水量为55%左右，茶梗折而不断，手握成团，手松散开，有弹性，叶面失去光泽，色泽墨绿，有清香，无焦叶。

4. 揉捻：揉捻机型号为6CR-40，投叶量12—14千克，加压根据"嫩叶轻揉，老叶重揉"和"轻—重—轻"的原则进行调节，揉捻时间一般为8分钟左右，叶老时可适当延长重压时间。揉捻程度要求达到揉捻叶成条率90%以上，细胞破坏率45%—55%。同时杀青叶在揉捻中受到各种力的相互作用，加上茶汁附着在表面，容易成团。经解块机作用后，团块被打散，便于后期的成形、干燥。

5. 做形：理条做形可进一步散失水分，理直理紧茶条。可采用6CLZ/8TF型8槽多功能理条机，使用前，先预热，当机温升至110℃时，将1.5千克左右的茶叶均匀投入每个机槽中。温度应先高后低，转速先快后慢，加压前转速显示为215转/分钟，加压时降至 185 转／分钟。当茶叶含水量降至 45% 时加入 8 号钢丝压力棒，直到茶叶发出沙沙响声，手握稍有刺手感时取出。理条后的茶叶含水量为 20%，条形紧直，色泽翠绿，有清香。整个过程需 10 分钟左右。

6. 干燥：初烘采用 6CH-8/5 型网带式烘干机，热能来源为天然气，温度设为 110℃，不可高，否则叶子失水较多，不利于后期做形。摊放要均匀，厚度为 1 厘米。初烘适度标准：芽叶含水量降至 52% 左右，手握茶叶有弹性，不易成团，叶质软，黏性小，叶色鲜绿为宜。然后摊凉，将初烘叶归堆摊放 1—2 小时以上，让叶内水分重新充分均匀分布。最后复烘所用设备与初烘相同，要求低温慢烘厚摊，温度 60—70℃，厚度 2—3 厘米，摊叶板慢速运行，烘至含水量 5%—6%。条索紧细、直，白毫显露，色泽嫩绿。

六、特种绿茶（以安吉白茶为例）

1. 鲜叶质量：安吉白茶鲜叶原料的质量基本要求为一芽一叶至一芽二叶，芽叶完整，叶玉白脉绿、新鲜、匀净。鲜叶品质按成茶品质可相应分为三级：精品、特级，一芽一叶，叶玉白脉绿，完整成朵；一级，一芽二叶初展至一芽二叶，叶白脉绿，完整成朵。低于一级鲜叶，不得作为安吉白茶原料验收加工。

2. 摊青：摊青间应清洁卫生，空气流通，无异味。若为恒温恒湿间应清洁卫生，则要求温度控制在 20℃ 左右，湿度 75% 左右。进入加工车间的鲜叶，应立即摊青，摊青厚度以 1 千克／平方米为宜，摊放时间以 8—12 小时为宜，摊青过程中要轻翻 1—2 次。

3. 杀青：采用多功能机杀青，投叶量控制在每5槽350—500克，历时约7分钟。

4. 做形：采用名茶理条机进行理条，每11槽投叶量750克左右，理条时间控制在10分钟左右，待茶叶含水量下降到20%—25%时下槽。

5. 干燥：在初烘时要注意以下几点：（1）温度：烘干机温度达到100—120℃时，斗温80—90℃开始上叶，将杀青理条均匀薄摊于烘网上，整个过程可适当翻动烘干叶1—2次，但不能过多翻动，以免影响干茶外形。烘干机温度过高，茶叶较黄或红色，外干内湿，失去香气和滋味；太低，易红梗，同样会造成香气低沉，烘干速度慢，生产效率低。（2）时间：烘干至茶梗硬脆，至含水量15%—10% 即可出锅，10—15分钟。初烘完后将干茶摊于软匾，快速降温，进行摊凉回潮，使茶叶内外部水分重新分布，时间约15分钟。最后再用斗式烘干机烘干。温度：上叶时烘干机温度80—90℃。约5分钟。后温度降至70—80℃，每隔4—5分钟翻动一次，直至足干，用手捻茶梗成粉末，即可下烘，时间10—15分钟。烘干的茶叶水分要求低于6.5%，过高，很难保存，过低，则易碎。

七、贵州特色茶（坡柳嬢嬢茶为例）

1. 鲜叶质量："坡柳嬢嬢茶"的原材料来源于贞丰县坡柳村古茶树的叶，每年清明节后开采，一般采摘长4—5厘米的一芽一叶、一芽二叶鲜叶。

2. 摊青：将茶叶鲜叶放置于摊青槽中摊晾，为避免机械损伤，摊叶厚度为 4—8 厘米，时间为 12—18 小时。

3. 杀青：将摊青叶进行杀青处理，滚筒杀青机的温度控制在 230—260℃，时间 13—20 分钟。杀青要适度，过老则干茶色枯，香气、滋味较淡；过嫩则干茶色暗，香气不爽。

4. 摊晾：将杀青叶置于摊青槽中摊晾回潮，摊叶厚度为 5—12 厘米，时间为 0.5—2.0 小时。

5. 揉捻做形：将杀青叶摊凉后进行揉捻，揉捻采用机械揉捻，机器型号为 6CR-40，投叶量 12—14 千克，加压根据"嫩叶轻揉，老叶重揉"和"轻—重—轻"的原则进行调节，揉捻时间一般为 8 分钟左右，叶老时可适当延长重压时间。揉捻程度要求达到揉捻叶成条率 90% 以上，细胞破坏率 45%—55%。同时杀青叶在揉捻中受到各种力的相互作用，加上茶汁附着在表面，容易成团。经解块机作用后，团块被打散，便于后期的成形、干燥。揉捻完后人工进行分拣，选择芽型、叶片相对较为完整、长度差异较小的茶叶，按照茶尖方法进行摆放，理直、理顺、双手边旋转边捏紧，直到将散乱的茶叶塑成毛笔头形状（数量约 100 芽为一支，重量约 100 克为一枚），即嬢嬢茶的外形基本成型。

6. 固定形状：将毛笔头形状的半成品的嬢嬢茶用专门的不锈钢模具夹住或者用线从头到尖进行捆紧成型，并将成型的嬢嬢茶按照头尾相对、便于取放的顺序摆满烘盘待烘。同时，挑拣出不合规范（松散、断短者）的半成品，加工成散装茶，然后装入烘盘待烘。

7. 多次干燥：选择烘盘待烘的茶叶放进烘箱进行干燥，第 1 步设置烘箱温度 70—90℃，将摆满的嬢嬢茶进行干燥 1.5—2.0 小时，失水 70%—80% 后取出观察并滩凉 10—30 分钟；第 2 步设置烘箱温度 85—90 ℃，再次将摆满的孃孃茶进行干燥 10—30 分钟，烘干失水剩 10% 左右，取出摊凉 5—10 分钟，第 2 步方法重复 2—3 次；第 3 步设置烘箱温度 105—110℃进行提香，时间 3—9 分钟，然后取出摊凉，充分冷却后，经质检员检验合格后包装。

8.包装贮藏：选择贞丰皮纸作为坡柳孃孃茶的包装用纸，选择一般红线作为包装线；准备皮纸按照长 10 厘米、宽 8 厘米裁剪待用，然后将优质坡柳孃孃茶放于纸上包装，并用红线进行捆绑，检验合格后，放入包装袋中低温贮藏。

第二节　红茶加工工艺（主要以机械加工为主）

一、工夫红茶

1.鲜叶质量：工夫红茶的鲜叶原料要求嫩、鲜、匀、净。采摘的标准为春茶一芽二、三初展，夏茶以一芽二叶为主。

2.萎凋：萎凋槽的操作技术主要掌控好温度、风量、摊叶厚度、翻抖、萎凋时间等外部条件因素，由鼓风机送入的热空气是影响萎凋质量的重要因素。在低温、多雨时节，需加温萎凋时：应注意开始先鼓冷风，待表面水吹干后再鼓热风，开始风温不超过 35℃，1小时后气温渐降低到 30℃左右，下叶前 15 分钟停止加温，鼓冷风。一般夏秋时节，气温较高，如气温达 30℃左右，就可不加温，只鼓风，也可获得较好的萎凋质量，在萎凋过程中要根据温度的变化，调节冷热风门，控制温度高低。具体摊叶厚度应视鼓风机的型号和季节不同而异。如用 3 号轴流式鼓风机，低温、多雨季节，摊叶厚度一般不宜超过 12 厘米。干旱、北风天可稍厚些。为了通风一般不宜超过 20 厘米。如用 9 号低压大风量鼓风机，摊叶可厚些，但也不宜超过 30 厘米。总的原则，叶子摊放时要抖散、摊平呈蓬松状态，保持厚薄一致，使通风均匀，感官上以槽面叶子微微颤动，但不出现空洞为宜。翻抖可使萎凋加速并达到均匀一致。一般在停止鼓风时翻抖一次，要求上下层翻透抖松，使叶层通气良好。翻抖动作要轻，以免损伤芽叶。对于雨水叶、露水叶，萎凋前期可增加翻抖次数。萎凋适度的检验方法以经验判断是以萎凋叶的物理特征为标志。适度萎凋叶，叶形皱缩，叶质柔软，嫩梗萎软，曲折不断，手捏叶片软绵，紧握萎凋叶成团，松手可缓慢松散。叶表光泽消失，叶色转暗绿，青草气减退，透发清香。萎凋程度掌握"嫩叶重萎调，老叶轻萎凋"的原则。一般掌握"宁轻勿重"，严防萎凋过度。

3. 揉捻：揉捻一般分次揉捻，投叶量根据揉捻桶径大小和叶质情况来确定，过多过少都会造成翻叶不匀，影响揉捻质量。大型揉捻机（如桶径 920 毫米）一般揉捻 90 分钟，嫩叶分三次揉，每次 30 分钟；中级叶分两次揉，每次 45 分钟；较老叶可延长揉捻时间，分三次揉，每次 45 分钟。中小型揉捻机一般揉 60—70 分钟，分两次揉，每次 30—35 分钟，粗老叶可适当延长。揉捻时间的长短，受揉捻机性能、投叶量多少、叶质老嫩、萎凋质量、气温高低等条件影响，在保证揉捻质量的前提下应灵活掌握。而揉捻室要求低温高湿，室温保持在20—24℃，相对湿度85%—90%较为理想。在夏秋季节，高温低湿的情况下，需要采用洒水、喷雾、挂窗帘等措施，以便降低室温、提高湿度，防止揉捻、筛分过程中失水过多。同时，揉捻室要保持清洁卫生，每天揉捻、筛分之后，必须用清水洗刷机器和地面，防止宿留叶、茶汁等发生酸馊、霉变现象，而影响茶叶卫生质量。同时揉捻加压要掌握"轻、重、轻"的原则，即先空揉理条，然后轻压，后逐渐中压、重压，最后再轻压。压力轻重应视叶质和萎凋程度不同而异。通常采取嫩叶轻压，老叶重压；轻萎凋轻压，重萎凋重压；春茶轻压，夏秋茶稍重压。每次加压7—10分钟，松压2—3分钟，交替进行，不能一压到底。每次揉捻结束后都要解块筛分，以解散团块，分出老嫩。检查揉捻程度时，以细胞破损率达到80%—85%，叶片80%以上呈紧卷条索，茶汁充分外溢，黏附于茶条表面，用手紧握，茶汁溢出而不成水滴为度。

4. 发酵：发酵时室温一般掌握在22—30℃。相对湿度要求达到90%以上，越高越好。同时因发酵中需消耗大量氧气，发酵室必须保持良好的通气条件。而且发酵摊叶根据叶子老嫩、揉捻程度、气温高低等因素而定，一般嫩叶宜薄摊，老叶宜厚摊，通常以8—15厘米为宜。发酵程度是制造优质红茶的重要环节。随发酵叶内部的化学变化，其外部表征也呈现出规律性变化。如叶色由青绿、黄绿、黄、黄红、红黄、红、紫红到暗红色；香气则由青气、清香、花香、果香、熟香，以后逐渐低淡，发酵过度时会出现轻度酸馊味；叶温由低到高再降低。在实践中，根据发酵叶的香气和叶色的变化，加以综合判断。发酵适度叶，青草气消失，出现发酵叶特有的香气，即一种清新鲜浓的花果香味。春茶发酵叶色掌握为黄红，夏茶为红黄，嫩叶红匀，老叶红里泛青。叶温达高峰并开始稳定时，即为发酵适度。如发酵不足，带有青气，叶色青绿或青黄；如发酵过度，则香气低闷，叶色红暗。在生产中，发酵程度要掌握"宁轻勿重"。因为发酵适度叶上烘后，叶温升高过程还可促进多酚类化合物的酶促氧化和湿热作用下的非酶促氧化，致使发酵过度，降低品质。

5. 做形：做形在6CHP-60型或6C小时P-100型名茶烘干机中进行。烘焙机的热风温度必须达到110 ℃，具体通过热风炉、鼓风机和排风口调节；初烘时，先将发酵叶抖散薄摊，待叶温升至80 ℃左右，散失部分水汽后，进行搓团，搓团要顺着一个方向进行，先搓小团，再搓大团，速度要快，待含水量达30%后转入提毫，要求温度在70℃左右，趁热用茶手相互摩擦起毫，用力从重到轻，茶团从小团到大团，待毫毛显露出毫均匀后结束该工序。

6. 干燥：温度应掌握"毛火高温，足火低温"原则。一般用自动烘干机，毛火进风温度为110—120℃，不超过120℃；足火温度85—95℃，不超过100℃；毛火与足火之间摊凉40分钟，不超过1小时。毛火采用适度高温，能及时制止酶促氧化，迅速蒸发水分，减少湿热作用。如毛火温度过低，容易产生发酵过度；但若温度过高，则易造成外干内湿或外焦内湿、条索不紧、叶底不展等缺点。在一定条件下，加大风量可提高干燥速率。如风量不足，水蒸气不能及时排出烘箱，造成高温湿闷条件，影响制茶品质。若风量过大，则热量大量损耗，热效率降低。一般掌握风速0.5米／秒，风量6000立方米／小时为宜。在烘干机顶部增设排湿设备，可提高干燥效率30%—40%，并提高干燥质量。毛火过程，叶子含水量较多，风量应较足火时大。毛火高温短时，一般以10—15分钟为宜；足火应低温慢烘，时间适当延长，使香味充分发展，以15—20分钟为宜。摊叶厚度毛火叶1—2厘米，足火时可加厚至3—4厘米。适当加厚摊叶厚度，可以充分利用热能，提高干燥效率。但摊叶过厚，不仅干燥效率不能提高，反而降低制茶品质；若摊叶过薄，则干燥效率显著下降。总之，要保证通气性良好和热能的充分利用，在保证干燥质量前提下提高干燥效率。掌握"毛火薄摊，足火厚摊""嫩叶薄摊，老叶厚摊""碎叶薄摊，条状叶厚摊"等原则。最后干燥程度：以毛火叶含水量20%—25%，足火叶含水量5%以下为适度。实践中常以经验掌握，毛火叶达七八成干，叶条基本干硬，嫩茎稍软；足火达足干，梗折即断，用手指捻茶条即成粉末。

二、红碎茶

1.鲜叶质量：鲜叶原料要求嫩、鲜、匀、净。

2.萎凋：萎凋程度的掌握，因鲜叶品种、季节和所使用的揉切机型不同有所差别。如使用转子机揉切时，由于春茶嫩度好，气温低，萎凋宜适当偏重，萎凋叶含水量以60%—62%为宜；夏秋季茶萎凋适当偏轻，含水量在63%—65%。如采用LTP锤击机与

CTC 机相配合进行揉切时，萎凋程度要偏轻，萎凋叶含水量掌握在 70% 左右。采用洛托凡与 CTC 机结合进行揉切时，萎凋叶含水量控制在 68%—70%。萎凋时间长短受茶树品种、气候、萎凋方法等因素的影响，通常以萎凋程度而定，一般不得少于 6 小时，也不宜超过 24 小时，以 8—12 小时为宜。

3. 揉切：一般以不同类型揉切机组合揉切法能够不同程度的提高茶叶品质，CTC 机、LTP 机和仿制改进的锤切机，在揉切中期有强烈、快速和叶温低的特点，可提高红碎茶茶黄素的含量。转子揉切机与三联 CTC 组合：其优点是揉切速度快，时间短，全程 20—30 秒，在室温 28.5℃下，切后叶温提高 2.8—5.5℃，而传统制法叶温一般提高 6—7℃。由于叶温较低，在揉切机内的时间短，儿茶多酚类的氧化轻微，揉切后叶子可以经历一个条件适宜的发酵过程，发酵程度得以有效控制，因此有利于产品获得浓、强、鲜的品质，且可提高碎茶率。

4. 发酵：自然发酵是将揉切叶均匀地摊放在发酵盒内，放置于恒温、高湿、空气流通的发酵室中，让其自然发酵，发酵盒以木制、竹制和铝制品较好，易冲洗。摊放厚度 4 厘米左右，低温季节可适当加厚。室温 22—25℃，相对湿度 90% 以上。发酵时间与叶子老嫩、碎整、季节、发酵室温湿度都有关系，生产上根据情况灵活掌握，以适度偏轻发酵为宜。传统制法，因揉切时间过长，一般不需单独发酵。发酵程度宜适度偏轻。鉴别发酵程度，以闻香为主，结合观察叶色，以叶色黄绿、青草气基本消失、略有清香时为适度。另外，根据各厂使用的发酵机具，结合叶质、含水量和气温等因子，掌握发酵程度。当夏季气温高又无降温增湿设备时，为防止因发酵速度过快影响品质，通常不需要发酵，立即上烘干机进行干燥；如烘干机不足，则需多翻叶和尽量薄摊，放在阴凉的地方待烘。

5. 干燥：一般毛火温度110—115℃，快或中速烘干，摊叶厚1厘米。毛火叶下机后摊凉15分钟左右。足火温度90—100℃，快或中速烘干，摊叶厚2厘米。二次干燥，成茶香气持久，干燥后品质较稳定，不易产生高火茶，但鲜爽度易受损。另外，由于二次干燥中间经过摊凉，叶子水分会均匀分布，干燥效果好于一次干燥。但是，不论是一次干燥还是二次干燥，最高烘温（风温）绝对不能超过120℃，否则会导致茶叶高火。一般干燥程度毛火茶含水量不宜超过20%，含水量高对品质不利，会加速氧化进行。足火茶含水量要求在5%以下。

第三节　白茶加工工艺（以白牡丹为例，主要以机械加工为主）

一、鲜叶质量

高级白牡丹鲜叶为一芽一、二叶初展，普通白牡丹鲜叶以一芽二叶为主，兼采一芽三叶和幼嫩对夹叶。

二、萎凋

鲜叶进厂即摊放于萎凋帘或水筛上，动作要轻巧，以免叶张碰摩受损。摊叶厚度依鲜叶嫩度、肥壮度及含水量而定，嫩度高、肥壮、含水量高的鲜叶薄摊，反之厚摊。萎凋结束，收筛动作宜轻，以免芽叶断碎。一般萎凋帘摊叶厚 2—3 厘米，水筛每筛摊叶 0.4—0.5 千克。春季萎凋温度 18—25℃、相对湿度 67%—80%，夏秋季温度 25—35℃、树对湿度 60%—75%，萎凋总历时 48—60 小时。为避免萎凋叶长时间静置引起贴筛，影响叶形和萎凋均匀度，当萎凋至七八成干时，须进行拼筛处理，一般小白茶八成干时两筛并一筛；大白茶拼筛分两次进行，七成干时两筛并一筛，八成干时再两筛并一筛，并摊成凹状。中低级白茶采用堆放，萎凋叶含水量 30% 左右时堆厚约 10 厘米，含水量 25% 左右时堆厚约 25 厘米，含水量不宜低于 20%，否则不能转色。拼筛后继续萎凋 12—14 小时，萎凋叶达九成干时即可下筛拣剔。拣剔按白牡丹级别进行，动作宜轻，以防芽叶断碎。高级白牡丹要求拣去蜡片、黄片、红张、粗老叶和杂物；一级白牡丹拣去蜡片、红张、梗片和杂物；二级白牡丹拣去红张和杂物；三级白牡丹拣去梗片和杂物；低级白牡丹拣去非茶类夹杂物。拣剔后，采用全萎凋的白牡丹继续萎凋至足干。

三、干燥

烘干机烘焙有一次烘焙和二次烘焙两种方法，摊叶厚度均约为

4 厘米。九成干的萎凋叶采用一次烘焙法，掌握风温 70—80℃，历时约 20 分钟，烘至足干。七八成干的萎调叶分两次烘焙，初焙温度 90—100℃，历时 10 分钟左右，初焙后摊凉 0.5—1 小时，使水分重新分布均匀。复焙温度 80—90℃，历时约 20 分钟，烘至足干。

第四节 乌龙茶加工工艺（以闽南乌龙茶为例，主要以机械加工为主）

一、鲜叶质量

鲜叶采摘标准为小、中开面二、三叶，夏暑茶可带芽采。与传统乌龙茶相比，新工艺乌龙茶以 2—5 龄新丛茶树鲜叶制茶品质最好。因为新丛茶树生长旺盛，新梢叶片大而肥厚，内含物丰富，采制成茶外形圆整壮实，香气清高持久，品种韵明显，耐冲泡。

二、萎凋

为使中午前后的日光强度达到传统晒青要求，多采用设施晒青技术，即利用遮阳率为 50%—70% 的遮阳网进行晒青。根据季节、气候、时段灵活应用遮阳网，调节晒青的日光辐射强度。天气炎热干燥时，可采取少晒、间歇晒或以晾代晒等多种方式。按品种和采摘时段分期分批晒青，均匀薄摊，摊叶量约 1 千克 / 平方米。设施晒青能延长适宜晒青的时间，比传统方法增加 3—4 倍，节约晒青场面积 60% 以上，晒青程度容易掌握，鲜叶不触地，清洁卫生。晒青程度比传统工艺轻，依茶树品种、叶片厚薄而有所不同，晒青叶减重率掌握在 4%—7%；晒青叶以叶表略失光泽，叶色略转暗绿，顶二叶微垂为适度。收青时，将晒青布四角提起，动作轻缓。晒青后将晒青叶移入室内晾青 30—60 分钟。

三、摇青

摇青与晾青交替进行 3—4 次，转数 5—15 转 / 分钟，最后一次摇青后薄摊，进行 10—15 小时的晾青。

四、做青

做青间采用空调等设备调控温湿度，适宜温度为 18—22℃，相对湿度以 65%—75% 为宜。整个做青工艺总历时 20—30 小时。做青期间，适当的通风能有效降低叶层空气湿度，促进青叶与空气的湿热交换及叶层水蒸气的散发，从而有利于做青前期青叶的"走水"。因此，做青间应采取间歇通风换气法，导入新鲜空气，排除室内气体，减少茶叶"空调味"。一般做青前期每隔 1 小时换气 1 次，做青后期每隔 2—3 小时换气 1 次，换气时间 1—2 分钟。做青适度时叶态的样子呈汤匙状，叶缘垂卷，做青叶红边红点占叶面积的 10% 左右，即一红九绿，叶色呈浅绿色，清香显露，减重率约 30%，含水量 60% 即可进行炒青。新工艺乌龙茶较传统乌龙茶发酵程度轻，其空调做青技术要点可归纳为"轻摇青、薄摊青、长凉青、轻发酵"。

五、杀青

目前新工艺乌龙茶炒青工序普道遍采用6CST-90型燃气式滚筒炒青机完成。炒青技术要领如下：（1）高温炒青机温度比传统工艺高，要求在280—300℃时投叶杀青，投叶后滚筒内应发出似鞭炮的"噼啪"响声。若无响声或响声轻微，表明杀青温度过低。（2）少量投叶量，要比传统炒青要少，每筒投叶量3—4千克，以迅速破坏酶的活性，并加快叶内水分的蒸发，避免闷炒使叶色变黄。（3）重炒以含水量40%左右为炒青适度，炒青叶含水量比传统炒青降低15%—20%。炒至滚筒内发出"沙沙"响声，手握叶略有脆感即可下机。

六、包揉

初包揉在生产中常采取双巾包揉法。首先将6—9千克摊凉叶置于约1.6米见方的包揉巾中，提起布巾四角即成茶包，将其反转置于另一条茶巾上，上覆垫片，抓起另一条茶巾四角置于速包机上打包，30—60秒后茶包即成南瓜状，然后把茶包置于平揉机包揉，历时3—5分钟（中间需多次移动上揉盘加压），最后将经包揉的茶团放入松包机解散、筛末。其后，反复多次包揉（速包→平揉→松包），一般4—5次。操作要点：速包短时，即一般不超过1分钟；全过程的用力程度应掌握"松—紧—松"的原则，以免前期产生扁条和后期茶叶断碎；及时松包，筛去碎末，以保证茶汤清澈明亮；生产中也可采取"仅速包不平揉"的方法，以保持茶色绿润鲜活，无黄变，无闷味，并减少茶叶断碎。

七、做形

初焙薄摊烘焙，摊叶厚度 1—1.5 厘米，温度 70℃左右，以利于保持清香型乌龙茶翠绿的色泽和高锐的香气。烘焙时，烘干机的门可半开启，利于水蒸气向外快速散发。烘至略有刺手感下机，翻抖散热至温热（37℃左右）时进行复包揉。复包揉和复培重复初包揉和初焙工序，反复 2—3 次，直至外形达到要求，全程包揉次数20—30 次。复包揉与初包揉的方法基本一致，主要差别是：包揉至条索呈半颗粒状时，手工解散茶团，经速包机打包后静置定型 5—10 分钟，随复包揉次数的增加，定型时间逐渐延长，最后一次速包后，静置定型约 1 小时。与初焙相比，复焙温度宜逐次降低。最后静置定型，包揉造型使茶叶外形紧结呈球形或半球形后，紧缩茶包，静置定型 5—6 小时，待茶坯冷却、外形固定后解包干燥。

八、干燥

足火采用"低温慢烘"，分两次进行。第一次烘焙温度 70℃左右，烘至九成干，冷却摊放 1—2 小时；第二次烘焙温度 55—60 ℃，烘焙至足干，即茶叶含水量 5%—6%。足干后的毛茶需经摊凉，而后置于低温环境下贮藏，以保证茶叶的色、香、味品质。

黄茶加工工艺（以黄大茶为例，主要以机械加工为主）

一、鲜叶质量

不同类型黄茶的制作过程对鲜叶原料的要求不一样，黄小茶的鲜叶要求为一芽一叶，而黄大茶对原料的要求为一芽三四叶。雨水叶、病虫叶、空心叶等均不采。

二、萎凋

采回的鲜叶应立即摊放在萎凋槽中，厚度 1—2 厘米，4—6 小时后便可加工。

三、杀青

杀青当锅温升到 100℃左右，均匀地涂上少量白蜡。待锅温达 130℃时，蜡烟消失后即可开始杀青。每锅投入嫩芽 120—150 克，杀青手法采用先闷后抖，以压、抓、撒相合，历时 4—5 分钟，当叶色转暗，茶香显露，芽叶含水量减少到 55%—60% 即可出锅。

四、揉捻

揉捻使用 6CR-35 型或 6CR-35 型名茶揉捻机，投叶量以装至揉捻桶 3/4 处为宜。按"轻—重—轻"的加压原则进行揉捻，先轻揉2—3分钟,再重揉20分钟,最后减压1—2分钟,具体看成条情况,调整加压和揉捻时间,待成条率达80%以上后,揉捻结束。

五、闷黄

初包是蒙顶黄芽黄变的重要工序。杀青叶在湿热作用下,茶多酚类物质产生非酶性自动氧化,叶绿素降解,促进叶色变黄、汤色黄亮、滋味醇甜。初包黄变的适宜条件是茶坯含水55%—60%,叶温35—55℃,初包60—80分钟,放置30分钟时开包翻拌一次,使黄变均匀一致,待叶色由暗绿变微黄时,可进行复锅二炒。

六、做形

复锅二炒继续散发水分和挥发初包中产生的水闷气,促进茶叶理化变化,发展甜醇滋味。锅温为70—80℃,超过100℃时茶叶易生爆点,同时外干内湿,不能满足内部变化的条件;锅温低了,操作时间延长,茶叶显黑。二炒时间以3—4分钟,投叶量100克左右为宜。采用抖闷结合的手法,重在拉直,初步形成黄芽的品质特征,炒至含水量45%左右时即可复包。复包为了促使在制品进一步黄变,形成黄叶黄汤的品质特征,按初包方法,将50℃的复炒叶进行包置,经50—60分钟的保温放置,叶色变为黄绿色时再进行三炒。

七、干燥

三炒目的是继续蒸发水分、固定外形。操作方法与二炒相

同，锅温 70℃时，投叶量 100 克左右，炒 3—4 分钟，含水量降至
30%—35% 时为适度。堆积摊放的目的是促进叶内水分均匀分布及
多酚类化合物进一步自动氧化，达到黄叶黄汤的要求。将三炒叶趁
热撒在细篾簸箕上，摊放厚度 5—7 厘米，盖上草纸，要求茶坯保
温在 30—40℃、时间 24—36 小时为佳。四炒（整形提毫）目的是
进一步散发水分、发展茶叶香气。同时整理形状，做到茶叶扁直、
光滑。锅温 60—70℃，每锅投叶量 100 克左右，历时 3—4 分钟。
操作以拉直、形状固定、茶香浓郁时，即可出锅。如黄变不够，可
在室温下再堆积摊放 10—48 小时，直到黄变适度再行烘焙。烘焙
干燥目的是增进香气，散发水分，有利贮存。使用烘笼烘焙，每笼
烘叶 250 克，至茶叶含水量 5% 左右下烘，趁热包装入库。

第六节　黑茶加工工艺（以湖南茯砖为例，主要以机械加工为主）

一、鲜叶质量

湖南黑茶生产要求鲜叶有一定成熟度和新鲜度，并根据原料组
成划分等级。一级黑茶要求一芽三、四叶，二级以一芽四、五叶为
主，三级以一芽五、六叶为主，四级以"开面"为主。

二、摊青

实际生产过程中，当叶面开始萎软，叶质由硬变软；叶色由鲜绿变暗绿；青气部分散失，清香显露时表明摊放适度，此时含水率一般在 70% 左右。

三、杀青

杀青采用6CST- 30型至6CST- 80型滚筒杀青机主杀，再加微波脱水补杀。杀青时机内空气温度达到120—130℃时开始投叶，投叶速度按不同型号台时产量的要求，掌握少量、连续、均匀投叶，保证杀匀杀透。杀青后鲜叶含水量为55%左右，茶梗折而不断，手握成团，手松散开，有弹性，叶面失去光泽，色泽墨绿，有清香，无焦叶。由于黑茶的鲜叶粗大，杀青要根据鲜叶的含水量适量进行"洒水灌浆"，其茶水之比也为10∶1，同时杀青温度要高于绿茶。

四、揉捻

使用揉捻机无论初揉或复揉，采取轻压、短时、慢揉，一般都能获得良好的效果。如揉捻过程中加重压、时间长、转速快，则叶肉与叶脉分离形成"丝瓜新"，茎梗表皮剥脱形成"脱皮梗"，而且大部分叶片并不因重压而折叠成条，对品质带来不利。安化茶叶试验场对揉机转速、加压程度、揉捻时间进行对比试验表明，揉捻机转速以 37 转 / 分钟，加轻压或中压，时间以初揉 15 分钟，复揉

10 分钟的品质为最好。揉捻程度的掌握，初揉要求粗老叶大部分成皱褶条，并获得一定数量的细胞破坏率。通过复揉，无论是叶片或茎梗的细胞破坏率都有显著增加，对增进成品外形和内质均有重要的作用。初揉后的茶坯，不需解块即堆积渥堆。

五、渥堆

渥堆要选好渥堆场地，应选择背窗洁净的地面，避免阳光直射，室温在 25℃以上，相对湿度保持在 85% 左右的条件下进行。将初揉后的茶坯立即堆积起来，堆高 70—100 厘米，上面加盖湿布等物，以便保温保湿。影响渥堆的因素有茶堆松紧、茶坯含水量、叶温高低、环境温度以及供氧条件等，对黑茶品质的形成有密切关系。渥堆开始是在湿热作用下进行的，因此，适宜的渥堆条件是：相对湿度 85% 左右，室温一般应在 25℃以上，茶坯水分含量保持在 65% 左右，如水分过多，容易沤烂；水分过少，渥堆进行缓慢，并且化学转化不均匀。同时，还要一定的空气流通，以保持渥堆过程中茶叶内含成分的适度氧化。渥堆适度的标准：当茶坯堆积 24 小时左右，手伸入堆内感觉发热，叶温达 45℃左右，茶堆表面出现水珠，叶色黄褐，带有刺鼻的酒糟气或酸辣气时即为适度，应立即开堆解块复揉。如叶色黄绿，粗涩味重，则渥堆不足；如叶色乌黑，手握茶坯感到泥滑，并有严重的馊酸气味，则为渥堆过度。

六、做形

茯砖做形时蒸茶，需要拌茶机内的茶坯根据指令落入蒸茶机进行汽蒸，使茶坯受热变软且具有黏性。蒸茶时间一般需5—6秒。装匣扒茶紧压：打开蒸茶机使汽蒸后的茶坯落在散热输送带上打散、散热，再入木厍内装匣，入匣的茶坯温度在80℃以下。落入套箱后（匣内先放好了衬板）迅速用手把茶扒匀。扒茶时，先扎紧四角，再将茶坯扒平，保证中间低松、边角满紧，以使成品茶边角紧实，棱角分明。随后盖上铝板，推到预压机下进行预压，预压后再推到第二片装匣位置，装茶后同样用手扒茶，再盖上木质衬板，然后推到压力机下施压成砖。扣上夹板，挂好螺丝，推入晾置车间冷却定型。

七、干燥

目前大多数黑茶干燥已采用机械干燥，既能保证产品质量和卫生安全，还大幅提高了生产效率。干燥至含水量10%左右为宜。

第六章

茶产业链指南

　　茶叶产业链是指以茶叶作为后续各阶段生产加工和运销为主要对象的产业链的总称。茶叶产业链是茶产业的理论在茶叶产业中的具体应用，它是在充分考虑茶叶所具有的物理、化学特性的基础上，将茶叶生产资料供应与茶叶生产、加工、储运、销售等环节连接成一个有机整体并对其人、财、物以及信息与技术等要素流动进行组织、协调与控制，以期获得茶叶产品价值增值的活动过程。加强茶叶产业链的必要性茶作为商品率高、生产区域性强、加工增值效益大的一个产业，基本形成了加工、生产、储藏、销售相连的产业链，这为茶叶产业链提供了良好的基础。加强茶叶产业链有利于茶叶市场化的发展和完善，有利于解决农户小规模生产与农业发展专业化、商品化、社会化的矛盾，从而解决某一地区农业、农村的发展问题与农民收入问题等。通过对茶叶产业链的整合，可以有效地化解茶叶生产经营中的风险，增加茶叶附加值，提高茶农收入；减少交易成本，提高消费者服务水平，增强整个产业的竞争力和运作效率，是实现农业产业化经营的微观手段，进一步推进贵州省茶产业现代化的实现。茶产业链始终强调市场化为导向，有利于茶区按市场需求调整产业结构，提高经营效益；强调相关主体相互合作，相互协调，达成多赢目标。

本章节从茶树综合利用、储藏、物流和市场营销几个方面指导茶产业链更好的发展。

第一节　茶树的综合利用

茶的综合利用是指根据茶叶内含成分的特点及其功效，运用现代科学理论和高新技术从茶资源中提取或纯化有效成分，并将其用于即饮饮料、药物、功能食品、日化用品等产品的开发，以实现茶的最大经济、社会和生态效益。茶是我国重要的经济作物，自古以来，都是采集嫩叶作为饮料流传于民间，其实茶树全身是宝，茶树花、茶籽，茶梗具有极其重要的经济价值。

一、茶叶

茶叶中的糖类、氨基酸、茶多酚类、生物碱类等构成了茶的品质和滋味，具有保健功能和很高的营养价值。茶叶中的糖类包括单糖、双糖和多糖类，含量占茶叶干重的 20%—25%，茶多糖具有降血糖、降血脂、抗血凝、抗血栓、增强机体免疫功能、抗氧化等生物活性。茶叶中的氨基酸含量非常丰富，目前已鉴定的氨基酸有26种，其中茶氨酸、豆叶氨酸、谷氨酰甲胺、γ-氨基丁酸、天冬酰乙胺、β-丙氨酸这6种非蛋白质氨基酸，茶氨酸含量最高，占茶叶游离氨基酸总量的 50% 以上。茶氨酸有保护神经细胞、调节脑内神经传达物质的变化、降血压、辅助抗肿瘤、镇静安神、改善经期综合征等功效。茶多酚是茶叶中的主要化学成分之一，含量占干重的 18%—36%，对人体具有抗氧化、清除自由基、抗癌、抗辐射、降血脂、杀菌等功效。咖啡碱是茶叶中重要的生物碱，占茶叶干重的 2%—4%，具有兴奋神经中枢、助消化、利尿、强心解痉、松弛平滑肌等作用。茶叶碱和可可碱具有与咖啡碱类似的药理功效。

随着科学技术的快速发展，在茶叶的利用和加工方面，已经不仅仅局限于原叶茶，还有更多的茶叶提取物和食品、药品以及日用化工用品。在茶食品上，目前市场上较为常见的茶食品主要有：茶味的糖果、零食、糕点、蜜饯、冷冻制品和茶餐等；茶多酚化合物具有抗氧化活性，茶多酚类化合物可作为食品保鲜剂；利用茶叶加工成微粉状，翠绿的色泽和丰富的成分可作为天然色素和功能强化剂；茶黄素可作为天然色素，并具有预防"三高"和抗氧化的功效。茶饮料是指以茶叶的萃取液、茶粉、浓缩液为主要原料加工而成的饮料，具有茶叶的风味，并含有天然茶多酚、咖啡碱等茶叶有效成分。目前，市场上的茶饮料产品主要有冰红茶、绿茶、柠檬茶、乌龙茶、茉莉清茶等。在日化用品上，在内衣、袜、鞋的棉织物中添加茶多酚类化合物可以杀灭真菌，消除异味；在汽车和空调的出气和进气处安放茶多酚过滤网可吸收异味和污染物；茶口罩可过滤空气杂质，减轻雾霾对人体和动物呼吸道的伤害。茶多酚含有大量的羟基，是一种良好的保湿剂，可解决皮肤干燥问题，防止皮肤起皱，同时可加强皮肤屏障功能，抵御外界环境对肌肤的侵害。在医药及其他领域中，由于茶多酚、茶氨酸和茶多糖等产品具有多种保健功效，开发用于增强体质、提高免疫力、减肥、降血脂、降血压等多种用途的保健品。

二、茶梗

茶梗是在茶叶加工过程中会产生副产物，其中最常见的是乌龙茶茶梗。茶梗中主要的品质成分化学成分和含量与茶叶相比有其特点，其中茶多酚、儿茶素及咖啡碱含量低于茶叶，氨基酸和总糖等含量则高于茶叶。茶梗作为深加工提取的原料，提取茶氨酸、茶多糖、茶多酚和膳食纤维等成分；茶梗还可作为文化创意的设计，制作工艺品、家居用品、材料及用于卷烟等。茶梗富含纤维素、茶多酚、茶皂素和氨基酸等成分，制成的茶枕可改善睡眠和杀菌、肃清异味；制成的碎料板等材料可减低甲醇的释放量；茶梗用于卷烟可丰富烟气、增加甜韵，提高香烟品质；可用于活性炭的制备，是一种较好的吸附材料；茶梗中膳食纤维含量高，且有茶多酚、咖啡碱以及各种芳香物质，是优质膳食纤维的天然资源。因此，茶梗具有极大的应用空间。

三、茶树花

茶树花是茶叶种植过程中的重要副产物。很多研究表明，茶树花与芽叶的主要化学成分大体相同，富含蛋白质、茶多酚、茶多糖、茶皂素、黄酮类、氨基酸、维生素、微量元素和生物碱等多种有益成分，因此，茶树花具有和茶叶相同保健功效。同时茶树花具有芳香性，且花香馥郁持久，具有很高的利用价值。叶乃兴等人调查生产茶园发现，茶树干花产量一般在 100—150 千克 / 亩。黄燕芬等调查贵州茶区的茶树花生物量，茶树干花 12.62—25.9 千克 / 亩。叶乃兴等对国内和日本的 50 多个栽培型茶树品种进行的茶树花生化成分分析，结果表明，不同品种茶树花生化成分含量呈现多样性。研究表明，通过茶树花与茶鲜叶主要品质成分含量的比较，茶树花具有较高的水浸出物含量，茶树花的总糖、水溶性糖含量高于茶叶，茶多糖组分与茶叶组分相同，游离氨基酸含量与茶叶相当，茶多酚、咖啡碱含量低于茶叶。茶树花的综合利用主要在茶树花有效成分的提取与开发、茶树花粉产品的开发与利用、茶树花食品的开发与利用等的方向。

目前有大量研究直接利用茶树花制花茶，其香气清香带甜，滋味清醇；由于茶树花香精和茶树花中具有较高茶多糖、蛋白质、茶皂素含量和高活性的 SOD，故常用其提取功能成分；茶树花粉是一种高蛋白、低脂肪的优质花粉，含有多种维生素和微量元素，氨基酸含量和配比接近或超出 FAO/WHO 颁发的标准值，是一种优良的蛋白质营养源。由于茶树花具有和茶叶一样营养物质，常用以开发饮料及保健食品，同时茶树花粉可直接作为食品添加剂。由于花粉本身就具有保护皮肤、抗衰老、养颜等作用，茶树花作为化妆品添加剂。茶树花食品的开发目前主要包括茶树花饮料、茶树花酒、茶树花糖等。

四、茶籽

我国茶籽资源非常丰富。在衰老茶园、有性繁殖茶园、群体品种茶园中茶籽的产量可达 450 千克／公顷。茶籽含油量较高，全籽含油率为 20%—35%，干仁含油率在 35%—65% 之间，游离脂肪酸和不皂化物为 14% 左右，不皂化物的含量不到 1%，主要为甾醇（0.6%）。茶叶籽油具有极高的营养价值，是一种高级食用油。其脂肪酸成分为油酸、亚油酸、棕榈酸、硬脂酸、亚麻油酸、豆蔻酸等，功能性成分含量远高于菜油、花生油和豆油等传统食物油。茶叶籽油的亚油酸、亚麻油酸是维持人体皮肤、毛发生长所不可缺少的功能性物质，具有预防动脉硬化、抗氧化、清除自由基、降血压和降血脂的作用。茶籽油中亚油酸和亚麻酸的比例符合医学界认为的人体健康所需油脂的多双键不饱和脂肪酸最适量在 8% 左右这一标准。目前，在国际上已经被广泛应用于高级美容护肤品中，对于在化妆护肤品的研究也是逐渐深入。化妆品用茶籽油于润肤霜中，茶籽油润肤霜的综合评价性能为优异。茶籽油由于富含不饱和脂肪酸而能有效防治心血管疾病，茶籽油富含不饱和脂肪酸的茶籽油的脂肪酸比例比较合理，具有抗衰老，保护皮肤、改善血液循环、增进消化功能和内分泌功能等。

茶籽粕是茶籽经过榨油处理后的渣饼，在化工、农业、食品等方面利用广泛。经发酵的茶籽粕是优良的饲料源。茶籽粕还用于提取多糖、抗氧化成分、淀粉和茶皂素。茶皂素是从茶籽粕中提取出来的一类五环三萜类化合物。在农业生产上，茶皂素作为优质的生物表面活性剂，可以去除农业生产生活中土壤中、水体中、固体垃圾焚烧飞灰中等的重金属；在食品上，茶皂素因具有较强的吸收 CO_2 的特性，可作为饮料和啤酒的助泡剂，其发泡率大大高于其他发泡剂；在化妆品上，茶皂素在化妆品中可以作为基质成分，用于洗发香波、天然草本洗发露、防晒消炎润肤膏、沐浴液等；在医药上，茶皂素具抗渗透、消炎、止咳化痰等功能，可降低胆固醇、调节血糖含量等，同时，茶皂素可用于医药用表面活性剂、药物添加剂，广泛用作药剂、医药抑菌剂和抗肿瘤剂等；茶皂素在工业上有许多用途，应用广泛。

第二节　储藏

一、影响茶叶贮藏过程品质变化的主要因素

（一）温度

温度直接引起茶叶质变，温度越高茶叶内含物质氧化反应速度越快。温度每升高 10℃，干茶色泽和汤色褐变速度加快 3—5 倍，研究表明，温度每升高 8℃，化学反应速率就翻一番。低温可减缓大多数化学变化，尽可能地保持茶叶的感官品质。研究表明，绿茶贮藏温度在 5℃ 以下为好，-10℃ 贮藏保质效果更显著，茶叶能较长时间保持原有品质。

（二）氧气

茶叶的内含物质如：茶多酚、维生素 C、类脂、醛类、酮类等物质都易氧化，导致绿茶汤色变黄，红茶汤色变褐，香气不足，失去鲜爽滋味。从维生素 C、感官得分、售价等方面对茶叶脱氧贮藏和不脱氧贮藏进行了比较，结果表明，半年后脱氧贮藏的绿茶维生素 C 含量相对高 20%，感官得分高 30%，售价比不脱氧绿茶高 15% 以上。据报道：与不脱氧贮藏相比，绿茶脱氧贮藏 4 个月后的感官得分相对高出 28%，维生素的残存率高 22.8%。这一结果与余雄辉的结论相似。在室温条件下水浸出物的变化情况：在前 4 个月的贮藏过程中，普通包装的茶叶水浸出物下降相对较快，从 43.09% 下降到 39.40%，下降了 3.69%，而真空包装的水浸出物由 43.57% 下降到 40.94%，下降 2.63%。这与空气中的氧气能促进茶多酚、咖啡碱等物质的陈化变质有关。因此，氧气对茶叶品质陈化起着重要的作用，茶叶包装容器内氧气含量应控制在 0.1% 以下，有效减缓内含物质的氧化反应速度，更好地保持茶叶的新鲜状态。

（三）光线

光对茶叶品质有一定的影响，因为茶叶中的叶绿素经光的催化发生化学反应而变色，茶叶中叶绿素 b 易受光照分解而使色泽变枯、变暗，而脂类物质尤其是不饱和脂肪酸氧化产生低分子的醛、酮、醇等，也会使茶叶产生陈味。

（四）水分

茶叶是一种疏松多孔的物质，内含亲水性成分，所以茶叶具有很强的吸湿性。茶叶劣变程度与茶叶含水量密切相关。水分是化学反应的溶剂，含水量越高，化学反应速度就越快。茶叶中水分状态为单分子水层时是贮藏的最佳状态，此时对应的含水率一般为4%—5%。绿茶含水量在8%左右时，贮存6个月就会有陈茶气味；含水量大于10%时，会出现霉变气味。茶叶在贮存之前一般先要复火以降低含水量，将含水量降至4.5%—5.5%，然后进行包装。

二、一般茶叶贮藏保鲜方式

（一）常温贮藏法

常温贮藏的干茶含水量应控制在5%左右，包装物必须具有很好的防潮性能，包装袋材料最好用2—3层的高分子复合材料，包装袋封口要严密，贮藏时间不宜过长，一般以3个月为宜。

（二）低温贮藏法

温度影响茶叶内含物的化学反应速度，低温储藏能有效抑制茶叶的氧化褐变。根据食品高分子理论，低温储藏条件下温度不高于4℃时分子动能小，很难形成微晶束。低温储藏技术是茶叶保存中最有效的方法之一，一般在–5℃—5℃下储藏。优质茶叶的贮藏温度一般不高于5℃，最好是贮藏在–10℃以下的冷库或冷柜中。低温贮藏的缺点是电能耗较大，从冷库中取出茶叶之前要经过过渡处理，不然冰冷的茶叶与外界温度较高环境相遇，外界水汽凝结在茶叶表面，加快茶叶劣变。同时，要建立一条参与各个环节的冷藏保鲜链，冷藏保鲜链成本太高，经过冷藏贮存的茶叶脱离低温环境后，茶叶陈化速度会加快，这也是茶叶冷藏保鲜中急需解决的一个重要问题。

（三）充气贮藏法

在茶叶包装袋内填充二氧化碳或者氮气等惰性气体，阻滞茶叶内含物质与氧气的反应，防止茶叶陈化和劣变的速率。另外，惰性气体能够有效抑制微生物的生长繁殖。最后将袋内多余空气抽掉，形成真空状态，再充入惰性气体，最后封口。

（四）除氧剂贮藏法

通过实验可将贮藏器内的氧含量降至 0.01% 以下，1—2 天内可使袋内氧浓度从 21% 降至 0.1%—0.2%；另对室温下保鲜 8 个月的绿茶维生素 C 保留量比常规包装高 174.54%，比抽气充氮高 65%，保鲜期可达 8—12 个月，保存期 18—24 个月，能有效保持茶叶品质，除氧剂不需专门的机械设备，使用方便，费用小，使用除氧剂前提条件选用密封性能好的包装材料，如铝塑复合、聚酯 / 聚乙烯复合袋等。

（五）干燥贮藏法

水分影响茶叶品质，干茶的含水量一般低于 5%—6%，这是延长茶叶品质、保鲜期以及应用其他保鲜技术的前提和基础。传统的贮茶技术，常采用石灰或木炭、硅胶等材料与茶叶一起贮藏，它们的吸潮性可降低茶叶含水率，使茶叶保鲜。硅胶的优点是使用后可以重复使用。缺点是不适应现代茶叶大规模贮藏、运输和销售的需要。如果保藏期相对较短的话，会受到季节等因素的影响。夏季温湿度较高，保藏茶叶通常采用多种干燥方法。

（六）防潮贮藏法

防潮包装由两部分组成，防潮性能优良的包装材料和干燥剂。通常用聚酯／聚乙烯、玻璃纸／聚乙烯、尼龙／聚乙烯、聚酯／铝箔／聚乙烯及铁罐、陶瓷罐等多种材料作为防潮包装。采用硅胶或特制的纯度较高的石灰作为干燥剂，茶叶与硅胶的比例约为10：1，茶叶与石灰比例为3：1进行储藏。

（七）避光贮藏法

光线中的红外线会使茶叶升温，紫外线会引起光化作用，从而加速茶叶品质下降。要在遮光的条件下储藏茶叶。

（八）密封贮藏法

氧化反应是茶叶质变的正常现象，断绝供氧则可抑制氧化质变。因此，隔氧密封贮藏茶叶。可用铁罐、陶瓷缸、食品袋、热水瓶等可密封的容器装贮茶叶，容器内应衬好食品膜袋，尽量少开容器口，封口时要挤出袋内的空气，抑制茶叶的氧化变质。条件允许的话可用抽氧充氮袋装贮茶叶。

（九）真空贮藏

真空包装贮藏是采用真空包装机，将茶叶袋内空气抽出后立即封口，使包袋内形成真空状态，从而阻滞茶叶氧化变质，达到保鲜的目的。真空包装时，选用的包装袋容器必须是阻气（阻氧）性能好的铝箔或其他二层以上的复合膜材料，或铁质、铝质易拉罐等。

（十）单独贮藏

茶叶有很强的吸附性能，所以茶叶要单独贮藏，装贮茶叶的容器不得混装其他物品，贮藏茶叶的库房不宜混贮其他有气味的物质。不能用有气味的容器或吸附有异味的容器装贮茶叶。

（十一）生物保鲜法

生物保鲜剂是在成品绿茶中掺入微量的厌气性蜡样芽孢杆菌冻干制成的活性菌体粉实现保鲜，蜡样芽孢杆菌能形成生物膜，具有良好的阻导性能，从而控制茶叶氧化劣变，达到保质保鲜的目的。实验中将厌气性腊样芽孢杆菌在 –20℃中低温干燥为活性菌体粉，以万分之二重量比掺入到密封保存的茶叶中，搅拌均匀，4—5℃下恒温三周，入库保藏。限氧包装后，可长久保持新茶风味及维生素含量。一种绿茶常温生物保鲜剂，它是由壳聚糖、绿茶茶多酚和维生素 C 组合配方筛选而成，应用时将此保鲜剂配成 0.05%—1.0% 溶液，采用喷雾的方法，在绿茶造型前或造型后添加该保鲜剂溶液。此法安全高效，是一种新型生物保鲜剂。

（十二）辐射保鲜法

在茶叶贮藏过程中，通过一定的辐照剂量来抑制多酚氧化酶和过氧化物酶活性，达到延缓陈化变质的目的。将茶叶烘干至含水量 5% 左右，摊凉后装入内衬防潮纸的马口铁筒或锡箔牛皮纸袋内，用 60Co 射线以 20 万 rad 剂量照射，密封，常温保存，此法贮存 6 个月后，其色、香、味无明显变化。

三、特殊有机茶的储藏

液态茶是由茶叶和其他添加剂加工而成的茶饮料品。液态茶的内含物是以茶叶的化学成分为主，添加了糖、酸等辅料的饮品，液态茶的品质更易受环境影响比传统茶更复杂。

1.在液态茶中添加抗坏血酸、异抗坏血酸等抗氧化剂。用量控制在 0.005%—0.03% 之间，并可适当添加一定量有机酸，增加其抗氧化效果，一般在装瓶前添加，pH 值要小于 5。

2.以防腐剂作为品质保藏的辅助手段。防腐剂可采用苯甲酸、苯甲酸钠、山梨酸等，用量为 0.02%—0.04%。

3.加工中采取适当的过滤措施。在无氧的条件下加热凝聚澄清（加热到 80—82℃，80—90 秒，随之快速冷却至室温）等技术措施，除去多糖类蛋白质、果胶物质等对品质的不利成分。

4.避光冷藏。

四、对茶叶储藏的要求及做法

1.严格遵守《中华人民共和国食品卫生安全法》中关于食品贮藏的法规。

2.不同茶叶品种分开贮存，有条件的话设立专门仓库。

3.有机茶的储藏必须保持干燥，茶叶含水量达到相关要求。

4.放入仓库时有机茶标志和批号系统要清楚、醒目、持久，以防止标签号与货物不一致的茶叶进入仓库。不同批号、日期的产品要分别存放。建立仓库管理档案，详细记录出入库的有机茶批号、数量和时间。

5.保持仓库的清洁，严禁使用化学合成的杀虫剂、防鼠、防霉。

第三节　物流

一、茶叶物流

作为一种特色农产品，茶叶的生产和营销不仅具有农产品一般性的季节性特征，还有销售周期短，种植分散，产品易碎，品牌差异大，产地普遍在山区，交通不便利等特点。茶叶的物流是指为了满足客户的需求，通过运输、保管、配送等方式，实现茶叶原材料、半成品茶、成品茶或相关信息进行由商品的产地到商品的消费地的计划、实施和管理的全过程。茶叶物流还是一个控制原材料、半成品、产成品和信息的一体化系统，从供应环节开始经各个环节的转让及拥有而最终到达消费者手中的实物运动，以此来实现组织的明确目标。运输、配送、仓储、包装、装卸搬运、加工流通，以及相关的物流信息等环节构成了茶叶的物流系统。

二、茶叶物流现存问题

（一）成本偏高

因为茶叶极其容易吸附周围的气味，所以对茶叶包装的密封性和保护性要求非常高，对于在运输和仓储过程中安全性、隔离性的要求也很高，物流成本也因此居高不下，最终影响了企业利润和市场售价。物流成本高的原因还有一个，主要是由于茶叶对于物流要求的特殊性。我国茶叶主要产区往往位于较为偏远的山区，道路条件较差。茶叶采摘大多在每年 3—10 月，遇天气不佳的情况下，陆路运输更加困难。即使在同一产地，由于茶农分布较为分散，彼此之间距离较远且交通不便，造成物流效率低、时间消耗长，茶叶在运输过程中更容易发生损耗，这就使得物流公司往往对茶叶业务不感兴趣，且对茶叶运输报价偏高。

（二）茶叶运输、仓储技术落后

茶叶在储存时大多都是冷藏或者阴凉通风处，且对茶叶的包装都比较精细，一般通过用锡箔包装，达到完全隔绝空气和阳光的目的，以防茶叶在储存过程中氧化和受潮。因此，茶叶在其他物流环节上，包括运输、装卸、加工、包装时，对其作业环境的要求同样较为严苛。在我国商品物流系统当中，根据商品特质而专门设计的运输设备并非没有，比如，专门针对海鲜运输的冷冻运输箱、帆布运输桶、专用冷藏车、水箱和充氧设备，还有专门针对蔬菜水果运输的果蔬运输车、循环制冷设备、低温保鲜设备等。然而，目前还没有出现专门用于茶叶运输的专用设备与物流工具，其物流运输大多与其他一般商品无异，甚至与其他商品拼箱，分拣配送过程也没有运用专门的技术设备，并没有与普通商品区别开来，不符合茶叶物流的特异性需求。

在仓储环节中，因为茶叶的特殊性质，其对于环境设备和技术的要求会更高。第一，茶叶容易吸附空气中的水分，造成茶叶品质降低乃至变质，要求保存环境必须要保持相对的干燥；第二，茶叶在光的长期照射下，外观与内质容易发生变化，要求保存环境要避光通风；第三，茶叶容易吸附周围环境中其他异味，会使茶叶本有的独特香味受到污染。茶叶的外观、香味和口感直接决定了茶叶的销售价格和市场认可度。因此，茶叶的仓储环节必须要运用符合茶叶保存要求的技术与设备，特别是在如今经济人文和科技高速发展的时代，符合茶叶保存要求的技术与设备更是要运用到茶叶从前端收购到终端配送的所有环节，但这恰恰是我国当前茶叶仓储保存的薄弱之处。

（三）茶叶运输信息化发展慢

由于我国大部分产茶地区往往都比较偏远，且大多位于山区，基础设施较为落后，与中心城市、物流枢纽和信息化发达地区存在差距，再加上一些茶企的观念改革更新速度慢，大多数不愿意在物流的信息化建设上加大投入，因此，在茶叶的物流运输过程中便无法实现高度的配送信息化与网络互通化，与现代化物流的合格标准还存在较大的差距。特别是对于跨境交易的双方来说，无论是企业还是消费者，都希望通过更为完善的物流配送体系作为保障，将消费者所购茶叶准确及时配送到他们的手中，并且在整个物流配送过程中，可以实时监控到茶叶物流当前的状态、所在位置等相关情况。

（四）茶产业物流问题的优化建议

1. 深化加强茶企与物流企业合作

茶企和物流企业之间有共同的利益关系和合作互促、携手共赢的基础与发展空间。由于茶叶特殊的区域性、时间性等限制，茶叶货源一般较为分散，并且不同品类的茶叶加工制作时间不一，即便是同样的茶叶，加工制作时间不一样价值也完全不同。例如绿茶中的明前茶、雨前茶和雨后茶，三者价格相差巨大，正是这种时间与空间的需求难度，导致物流企业对于茶叶业务兴趣不高。因此，茶企要进一步放低姿态，争取与物流企业形成稳定、紧密、友好的互利合作关系，在物流之前和之后的采购与销售环节做好准备和保障，便利物流企业的规模化作业，以此降低物流成本。

2. 加强先进物流技术与设备运用

鉴于茶叶的特殊性质，其需要更为先进的物流技术与设备。因此，茶叶物流的各项环节需要更加精细和专业。引进专业的茶叶运输、仓储、装卸、配送、包装和加工的技术设备，优化各项物流环节作业环境，提升工作人员技术水平，才能最终保证茶叶在物流过程中尽可能保留其品质和价值，实现经济效益的最大化。

3. 加强茶叶配送信息化程度

在茶叶的各项物流配送环节过程中，应将人工智能、物联网、虚拟现实、全球定位、语音通信等先进技术进行深度运用和融合，打造智能化、实时化的配送查询系统，使消费者可以随时查询相关物流信息和货品状态，而茶企和物流企业也要打通销售与物流信息的通道，实现相关数据互通流畅，要实时了解合作双方的具体需求，形成协调一致的整体工作计划和具体实施方案，为工作无缝对接和畅通无阻进行基础建设，以此来最大限度地提升物流的效率。

第四节　市场营销

一、市场营销的重要性

中国是茶的故乡，也是茶文化的发祥地。茶的发现和利用，在中国已有四千年历史，且长盛不衰，传遍全球。茶已成为全球范围内最受欢迎的绿色饮料之一。茶融天地人于一体，提倡"天下茶人是一家"。不管是我国还是其他国家和地区的人们都十分喜爱饮茶，待人接客，以茶相待，已成为一种待人之道，处事之方。现在，人们乐于购买各式各样的茶产品，也使我国茶叶销量逐年升高。为了更好地扩大茶叶销量，向全国乃至全世界推广我们的中国茶叶，在现今企业经营管理中，市场营销是非常重要的手段，对于茶叶本身的价值及其产品销售方面都具有重要作用。

二、茶叶市场营销面临的问题

首先，就茶叶市场分析来看，茶叶在中国有着悠久的发展历史，这表明它在市场上是不可替代的。中国茶叶种类繁多，生命周期不同，并且生命周期对商品开发和销售具有重要的影响。其中红茶和绿茶是周期较长的茶，而特种茶是周期较短的茶。茶叶的饮用方式、品质和茶文化也对茶叶的发展周期产生一定的影响。其次，人们对茶的依赖程度决定了他们喝茶的意愿。茶有着历史传统的传承性，饮茶的习惯由来已久。只有喜欢喝茶的人才能理解喝茶的乐趣和益处。最后，市场对茶叶的需求，市场销售和需求稳定发展的重要原因在于购买人口。不同消费群体和消费者的工资收入和生活水平直接影响着茶叶的供求关系。

目前，茶叶面临的营销问题主要有：

1.茶商众多，行业进入门槛低，行业集中度低，乱象丛生。茶叶品种多，种类丰富，宣传侧重点各不同。

2.营销模式滞后。许多大型茶叶企业仍然运用陈旧的营销手段，茶叶产销策略从生产决定消费的层面来制定，忽视了消费者在市场供求中的决定性作用，造成茶叶产品销售严重不平衡。销售模式主要依赖于实体经营，未能很好地与当今大数据销售模式结合。相关茶产品种类，包装等方面一直维持固有模式，也没有得到很好的创新。

3.市场价格模糊。茶叶企业的积极定价权使得茶叶价格在市场价格的影响下波动幅度逐渐增大。与此同时，国际茶叶市场环境和关税也影响着茶叶企业的供求关系。另外，茶叶安全管理体系不健全，茶叶企业发展质量不均衡，也导致茶叶营销存在市场价格模糊的问题。

4.购买人群差异。茶叶一直深受中老年人喜爱，这与其自身的生活习惯也有一定关系。茶产品名称及包装几乎是千篇一律，很难引起年轻一代的关注。因此单单靠中老年这一人群很难将茶产品推广到更深的层次。打开新的市场，还是需要吸引更多的年轻人加入到茶文化的行列中。

5.营销人才匮乏。在当今时代，人才是企业经营管理的重要资源。茶叶营销需要以高质量人才为中心，他们要具备深厚的茶文化知识储备，良好的沟通及人际交往能力，有市场洞察力和经营能力，能够准确地定位市场，找到营销切入点，拓展商品销售市场。然而，目前茶产品营销人才严重短缺，营销队伍质量不高且不稳定，在一定程度上阻碍了茶叶及相关茶品销量的提高。

总而言之，现代人们生活水平高了，也就更加注重自己的健康。茶叶是我国的传统饮品，喝茶能提神醒脑，降低血压，防止动脉硬化等。现今茶叶也成了热门的商品，具有了更大的贸易出口量。作为生产茶叶的大国，茶叶是我国对外贸易的主要产品之一，茶业同时起到传承中国文化的作用。而一直以来茶产品在营销方面仍然面临许多问题，普遍面临着市场销售的压力，运用合适的市场营销手段是提升茶业竞争力的重要渠道。为了提升茶企业在市场中的竞争力，拓展茶业市场，更好地传播茶文化，我们需要在茶叶的各个方面改革创新，打造更多优质、受大众欢迎的产品。

参考文献

［1］贵州省农村产业革命茶产业发展领导小组.《贵州省"十四五"茶产业发展规划（2021-2025 年）》[EB/OL].（2021-08-23）. http:// nynct.guizhou.gov.cn/ztzl/nccygm/cykx/202108/t20210823_ 69735041.html.

［2］骆耀平.茶树栽培学（第四版）[M].北京：中国农业出版社，2014.

［3］吕立堂.发挥茶园生态效益，促进产业健康发展[N].贵州日报，2019-09-25.

［4］骆耀平.茶树栽培学（第五版）[M].北京：中国农业出版社，2015:180-272.

［5］黄静，康彦凯.茶农之友 [M].北京：中国文化出版社，2016:36-57.

［6］黔茶资讯."以草抑草"茶园绿色防控技术概览 [EB/OL].（2021-08-12）.https://mp.weixin.qq.com/s/Fd3Ui4g0TNV6t TKpJWx72Q.

［7］方丽，王涛，柏德林，等.适宜茶园种植的生态绿肥——鼠茅草 [J].中国茶叶，2021，43（04）:59-61.

［8］刘红艳，张亚莲，常硕其，等.茶园绿肥新品种——茶肥1号的特性及栽培技术 [J].茶叶通讯，2014，41（02）:41-42.

［9］农业农村部种植业管理司 . 2019 年果菜茶有机肥替代化肥技术指导意见 [EB/OL].（2019-09-16）. http://www.moa.gov.cn/gk/nszd_1/2019/201909/t20190916_6327968.htm.

［10］王立 . 茶园水源涵养技术 [EB/OL].（2019-12-20）. https://mp.weixin.qq.com/s/2yIrZHw7iI7zIChB2oa43Q.

［11］王开荣，陈洋珠，林伟平，等 . 立体采摘茶园技术要素组成 [J]. 浙江农业科学，2005（01）:28-31.

［12］姚亚丽，范铁芳 . 茶园立体采养技术 [J]. 湖南农业，2014（05）:17.

［13］张丽平，李鑫，颜鹏，等 . 茶园高效修剪技术 [J]. 中国茶叶，2018，40（05）:71-74.

［14］黔茶资讯 . 贵州茶树冻害预防及补救措施 [EB/OL].（2018-01-08）. https://mp. weixin.qq.com/s/MbGcaEkX2PmMG8W0hnhxbQ.

［15］金玲莉，谢枫，涂娟，等 . 幼龄茶树冻害的预防和补救措施 [J]. 中国茶叶，2018，40（01）:56-57.

［16］王家伦 . 贵州茶园高温抗旱减灾和恢复技术措施 [EB/OL].（2018-08-14）. https://mp.weixin.qq.com/s/1hFDOGXaj-KYYgS3wi5n_Q.

［17］曹涤环 . 夏秋茶园防旱抗旱高产技术 [J]. 农村实用技术，2017（08）:30-31.

［18］王家伦，张小琴，杨文，等 . 贵州茶园冰雹灾后补救措施 [EB/OL].（2021-05-14）. https://mp.weixin.qq.com/s/G_Xa4X2VHLzNVVk6ce6MNQ.

［19］中茶装备 . 茶园管理基础设备 [EB/OL].（2021-05-31）.

https://mp.weixin.qq.com/s/Q6b7Ag7k9CDhFhvHld_cBg.

［20］中茶装备. 多功能茶园管理装备 [EB/OL].（2021-06-28）.
https://mp.weixin.qq.com/s/eoQtAe4o827QF_pW92Z_IQ.

［21］权启爱. 采茶机和茶树修剪机的冬季维修保养 [EB/OL].（2018-11-
05）.https://mp.weixin.qq.com/s/VmNCVwi5u8GKIpJC0PT9KA.

［22］陈政. 贵州茶产业高质量发展的思考 [J]. 中国国情国力，
2021（07）:31-33.

［23］田洪敏，王太航. 贵州卷曲形绿茶加工过程中主要生化成分
的变化 [J]. 农业开发与装备，2021（08）:166-168.

［24］谢娟，张颖. 影响贵州绿茶品质的因素与提升对策 [J]. 农技
服务，2021，38（04）:69-71.

［25］杨婷，王小霞，张军，等. 贵州绿茶机械加工存在的问题与
对策 [J]. 贵州农业科学，2018，46（06）: 121-125.

［26］丁其欢，武珊珊，熊昌云，等. 工夫红茶研究进展 [J]. 热带
农业科学，2021，41（04）:110-116.

［27］李国平，傅娟，连清秀，等. 正山小种红茶清洁化加工工艺
的优化 [J]. 福建茶叶，2021，43（11）:13-16.

［28］张厅，刘晓，熊元元，等. 四川黑茶渥堆过程中主要品质
成分和茶汤色差变化及其相关性研究 [J/OL]. 食品与发酵工
业 :1-12[2021-11-26].https://doi.org/10.13995/j.cnki.11-1802/
ts.026946.

［29］钱虹，范方媛，陆文渊，等. 闷黄温度对莫干黄芽黄茶品质
的影响研究 [J]. 茶叶，2021，47（02）:99-102.

茶叶产业发展实用指南

［30］杨贤友，龚永兰，黄明林，等．贞丰县坡柳古茶树资源保护与娘娘茶制作工艺探究[J].南方农业，2021，15（14）:173-175.

［31］王伟伟，等．不同茶类加工副产物的化学成分分析[J].食品工业科技，2018，39（24）:260-265.

［32］王伟伟，等．茶梗的综合利用研究进展[J].茶叶通讯，2020，47（01）:20-24.

［33］叶乃兴，杨江帆，邬龄盛，等．茶树花主要形态性状和生化成分的多样性分析[J].亚热带农业研究，2005（04）:32-35.

［34］陈淑娜，等．茶叶籽油的品质化学、保健功能及应用研究进展[J].中国茶叶，2021，43（02）:10-17.

［35］裘孟荣.当前的茶叶营销问题探析[J].茶叶，2008(01):56-58.

［36］高洁.我国茶叶市场与营销策略分析[J].福建茶叶，2016，38（03）:76-77.

［37］李秀丽.试论茶叶企业市场营销战略的创新及其对策[J].福建茶叶，2017，39（05）:42-43.

［38］姚孟超.全渠道视角下的茶叶营销模式研究[J].农家参谋，2018（16）:263.

［39］张怡，杨静，吴萍，等.当前茶叶市场营销中的问题与对策[J].农业开发与装备，2019（09）:88-126.

［40］陈志鹏.分析当前茶叶市场营销中的问题与对策[J].农家参谋，2019（10）:34.

［41］Doumerc N. A Green tea（EGCG）and prostate cancer:A new sphingosine kinase inhibitor [J]. European Urology

Supplements.2006，5（2）:168.

[42] 杨晓萍.功能性茶制品[M].北京：化学工业出版社，2005:
15-86.

[43] 倪静安，张墨英.食品单分子层结合水及其测定[J].冷饮与速冻食业，1999（1）:27.

[44] 肖文军.优质绿茶贮藏过程品质劣变的研究[J].天然产物研究与发，2006（18）:1001.

[45] 王钟音.茶叶保鲜方法的探讨[J].茶叶，2003，29（2）:107.

[46] 余雄辉.茶叶保鲜贮藏包装技术的研究[J].广东茶业，2001（4）:31.

[47] 廖万有.茶叶保鲜贮藏技术的研究进展[J].广东茶业，1995（4）:21.

[48] 刘淑娟.贮藏条件对炒青绿茶主要品质成分影响的研究[J].茶叶通讯，2009，36（4）:24.

[49] 增泽武雄，林寿恩.茶的品质保存问题[J].福建茶叶，1980（3）:41-49.

[50] 郑亚琴.有机茶叶加工及贮藏保鲜技术[J].保鲜与加工，2005（4）:42.

[51] 丁晓芳.贮存过程中温度含水量对茶叶品质的影响[J].茶叶报，1992（1）:26-30.

[52] 罗星火.茶叶保鲜技术研究进展[J].福建茶叶，2001（2）:22-23.

[53] 赵素芬.不同阻隔性包装材料对茶叶生化成分的影响[J].包

装工程，2010（3）:39.

［54］黄力华.不同包装材料对碧螺春绿茶贮藏效果的影响 [J]. 现代食品科技，2008（24）:448–451.

［55］陶卫民.绿茶保鲜技术的研究与发展 [J]. 上海茶叶，2007（1）:24.

［56］易华.茶叶保鲜方法 [P]. 中国专利：200510019164.2006–2–22.

［57］陈彧.供应链一体化创新视角下我国茶产品物流体系研究 [J]. 福建茶叶，2019（1）:56–57

［58］孙占权.乡村振兴战略视野下我国农村地区电子商务与快递物流协同发展的策略 [J]. 农业经济，2019（2）:115–117

［59］顾晓雪."互联网+"战略下我国电子商务物流的现状及发展对策 [J]. 决策咨询，2016（3）:80–85

［60］李锋.茶类农产品物流配送体系优化分析 [J]. 福建茶叶，2018（9）:51

［61］杨玉雪."互联网+"背景下贵州茶产业加快发展研究 [D]. 贵州财经大学，2017.

后　记

　　茶产业作为贵州省的特色优势产业，在助力贵州脱贫攻坚中发挥了重要作用，是实现脱贫攻坚与乡村振兴有效衔接中的重要产业。"十三五"以来，贵州茶产业坚持"守正创新、正本清源、确立地位"的战略思路，持续推动生态产业化、产业生态化，知名度和影响力显著提升，贵州茶的质量和效益大幅提高，带动力显著增强，全省茶产业持续高速发展。

　　《贵州省"十四五"茶产业发展规划（2021—2025年）》明确提出"十四五"期间在保持全省茶园面积稳定增长的同时，聚焦茶产业主体发展和茶叶品质提升；到2025年底，全省茶园面积稳定在750万亩以上，茶产业加工企业和合作社数量10000家以上，茶叶总产量达50万吨，茶叶产值突破800亿元。要确立贵州茶在中国茶产业第一方阵、中国绿茶第一省份的地位，使贵州省从茶产业大省迈向茶产业强省。

　　贵州省"乡村振兴与农村产业发展"丛书之《茶叶产业发展实用指南》，编写了茶园规划种植、茶园病虫害绿色防控、茶园生产管理、茶叶加工、综合利用与市场营销等方面的实用技术，希望为茶企、茶农及相关人员提供实践指导。由于时间仓促，本书在编校过程中难免有错漏或不够完善之处，请读者朋友们不吝赐教！

指南的编写过程，也是工作总结的过程，在这一过程中，深深地感受到前期工作的不足，"十四五"期间，当在团队领导的带领和指导下加倍努力，为贵州茶产业强省、为乡村振兴做出更大更多的贡献。本书的出版，得到了贵州大学、贵州省茶产业发展领导小组的大力支持与帮助，在此一并致谢！